Die Sachsen pauschal Wer sich unter Sachsen wohl fühlt, ist entweder selbst ein Sachse oder ein bienenfleißiger Tüftler und Werkler mit einer Vorliebe für Kaffeepausen in gemütlicher Atmosphäre. Über die Sachsen gibt es viele Vorurteile, die möglicherweise richtig sind, doch sächsisches Image und sächsische Identität sind nicht unbedingt dasselbe.
Was sind die Sachsen: Heitere Meckerer? Genies der Neuerfindung? Verkannte Opfer eines verschrieenen Dialekts? Was ist aus der Fülle der Begabungen und historischen Leistungen für den Stolz der Sachsen heute noch ausschlaggebend? Was bedeutet dem Sachsen sein Familienleben, sein Beruf, wie verbringt er seine Freizeit? Wie finden sich die Sachsen in dem neuen staatlichen Umfeld zurecht?
Was typisch für die Sachsen ist, geht weder in dem modernen Begriff Region noch in dem alten Wort Heimat ganz auf. Es genügt ja auch schon, wenn sich die Sachsen in dem Bewußtsein sonnen, gemeinsam anders zu sein.

In derselben Serie erschienen: ›Die Bayern pauschal‹ (Bd. 14051), ›Die Berliner pauschal‹ (Bd. 14052), ›Die Franken pauschal‹ (Bd. 14055), ›Die Hamburger pauschal‹ (Bd. 14056), ›Der Ruhrpott pauschal‹ (Bd. 14054).
Hinweise auf weitere ›Pauschal‹-Bände auf der letzten Seite.

Oliver Hofmeyer, geboren 1963, kam im Jahre 1992 in Sachsen an. Als Betriebswirt arbeitete er zunächst in Leipzig, danach in Dresden, wo er sich inzwischen verheiratete und eine Familie gründete. Neben seiner beruflichen Tätigkeit schreibt er gelegentlich Artikel für verschiedene Zeitschriften und arbeitet hin und wieder als Übersetzer.

Die Sachsen pauschal

Von Oliver Hofmeyer

Fischer Taschenbuch Verlag

Originalausgabe
Veröffentlicht im Fischer Taschenbuch Verlag GmbH,
Frankfurt am Main, Juni 1998

Druck und Bindung: Clausen & Bosse, Leck
Printed in Germany
ISBN 3-596-14053-6

Inhalt

Sächsisches Image & sächsische Identität

Wie sie sich selbst sehen

Die Sachsen sind die besten Autofahrer, denn nur, wer mit einem Trabi und seinen Tücken zurechtgekommen ist, weiß wirklich, was Autofahren bedeutet. Welches Problem ein Sachse auch immer zu bewältigen hat, er krempelt die Ärmel hoch und packt es an. Die Sachsen können einfach alles, nur die großen Westkutschen mit ihrer ausgetüftelten Technik sind ihnen etwas zu kompliziert.

Ein Sachse steht zu einem einmal gegebenen Wort, besonders, wenn sich ein anderer auf diese Weise gebunden hat. Im Beruf wie im Privatleben sind die Sachsen sehr hilfsbereit und stehen gerne jederzeit gefragt oder ungefragt mit einem wohlmeinenden Rat zur Seite.

Sie sind sehr kontaktfreudig, immer zu einem guten Scherz auf Kosten anderer aufgelegt und äußerst kommunikationsbereit. Wenn sie den Mund auftun, ergießt sich das Sächsische wie ein munter strömender Wasserfall in die Umgebung. Trotz ihrer quantitativen Sprachbegabung gestehen die Sachsen unumwunden ein, daß sie sich nicht so geschliffen und berechnend auszudrücken vermögen, wie ihre Landsleute aus den alten Bundesländern.

Da die Sachsen das Glück – oder das Pech – hatten, nach der Wende mit Deutschen aus dem nichtsozialistischen Westen überflutet zu werden, hat sich hierzulande ein reines, beinahe unschuldiges Sachsenbild entwickelt. Sachsen sind und waren nämlich niemals neidisch, sie traten den Genossen in ihrem Arbeitskollektiv niemals auf die Finger, um selbst voranzukommen. Ihre Kenntnisse in der deutschen Rechtschreibung übertreffen die aller Bürger der Altbundesländer, da man in sächsischen Schulen im Sozialismus wenigstens noch etwas gelernt hat. Mit der Reform des Schulwesens nach der Wende bringen nun jedoch auch die jungen Sachsen genauso Wunderliches zu Papier wie ihre Altersgenossen im Westen. So hinterließ eine junge Sächsin der 8. Klasse ihrer Mutter die schriftliche Nachricht, daß das Geflügel fertig sei: Pudde verdik.

Wie sie von anderen gesehen werden möchten

Da die Sachsen ein unerschütterlich in sich ruhendes Volk sind, sind ihre Ansprüche daran, wie sie in den Augen der größeren oder kleineren Welt außerhalb Sachsens dastehen könnten, sehr bescheiden. Ihre deutschen Bundesnachbarn kümmern sie in keiner Weise. Gegen die alten Bundesländer und ihre Bewohner hegen sie zunehmend unangenehme Gefühle. Sei es aufgrund der allgemein als negativ erfahrenen Situation der Nach-

Wendezeit besonders im Hinblick auf die Immobilien- und Firmenübernahmen, sei es aufgrund des direkten Kontakts mit Wessis, denen sie plötzlich unterstellt waren und die nur selten taktvoll verhehlen, was sie von »Ossis« halten.

Den typischen Sachsen indes ficht es wenig an, wie er von Wessis gesehen wird, da er sich für aufrichtiger und ehrlicher und somit moralisch höherstehend, hält. Wenn die Altbundesländler diese Überlegenheit endlich einmal anerkennen würden, wäre – in den Augen der Sachsen – endlich ein erster Schritt in Richtung auf die innere Einheit getan. Da die Wessis in sächsischen Augen aber außer einer unbestreitbaren verbalen Überlegenheit und den langen dunklen Mänteln im Winter nichts aufzuweisen haben, was für Sachsen in irgendeiner Weise erheblich sein könnte, pfeifen sie auf ihren Ruf in den deutschen Landen und pflegen ihr bewährtes So-sein.

Wie sie von den Altbundesländlern gesehen werden

Die Sachsen werden noch lange gnadenlos das Schicksal auszubaden haben, daß der erste Staatsratsvorsitzende der DDR einer der ihren war. Man kann es drehen und wenden wie man will, dieser Staatsmann prägte mit seinem Spitzbart, seinen unbeholfenen Bewegungen und seiner fisteligen Stimme dreißig Jahre lang das Image der DDR im Westen. Und als er Anfang der siebziger Jahre allmählich ins politische Abseits geschoben wurde, trat eine Riege von Hüte tragenden, ebenso eckig winkenden Graumännern in den Vordergrund, die ihrem Vorgänger so stark ähnelten, daß bei der Zuordnung von Namen zu Gesichtern zu häufig Verwechslungen auftraten, als daß man eine Veränderung hätte erkennen können.

Das betrifft natürlich in erster Linie all jene Westdeutschen, die mit Sachsen genausowenig Berührung hatten wie, sagen wir, ein niederbayerischer Hopfenbauer mit echten »Preißn« oder ein Tankwart auf der Schwäbischen Alb mit norddeutschen »Fischköppn«. Und das unabhängig davon, ob es einen Eisernen Vorhang gegeben hat oder nicht. Die Tatsache, daß es, etwa an der Mainlinie, keine innerdeutsche Grenze mit Todesstreifen gab, tut der Existenz von innerdeutschen Vorurteilen offensichtlich keinen Abbruch.

Die echten Westdeutschen sehen in den Ossis – und damit auch in den Sachsen – in erster Linie ins Grau verwitterte und einen kabarettreifen Dialekt sprechende Kostgänger einer historischen Radumdrehung, von der sich hüben wie drüben manch einer wünscht, man könnte damit ähnlich verfahren wie mit einem Auto, bei dem man den Rückwärtsgang einlegt.

Die unechten Westdeutschen, also jene, die es irgendwann zwischen 1945 und 1989 in den Westen »geschafft« haben, sind immerhin in der Lage, zwischen Sachsen und Brandenburgern oder zwischen Sachsen und Pommern zu unterscheiden, und sie haben wenigstens eine Ahnung davon, daß Sachsen immer eines der bedeutendsten Länder in Deutschland war: reich, dichtbevölkert, wirtschaftlich hochentwickelt und geistig hochkultiviert. Was immer diese Deutschen über die Sachsen im einzelnen denken mögen, über die Frage, ob die deutsche Einheit eine Selbstverständlichkeit sei, brauchen sie nicht einmal nachzudenken. Und insofern können sie auch mit den Sachsen leben.

Wie sie von den übrigen Neubundesländlern gesehen werden

Die Sachsen werden von den Bewohnern der anderen neuen Bundesländer hauptsächlich mit einem aus Neid und Verachtung gemischten Gefühl betrachtet. Sachsens Stand in der DDR und sein Aufstieg nach der Wende gleicht einem kleinen Wirtschaftswunder, an dem die übrigen neuen Bundesländer vergleichsweise geringen Anteil hatten. Es gibt kaum eine Gegend in Sachsen, der man den Aufschwung nicht ansieht. In Mecklenburg, Vorpommern oder in Brandenburg hingegen gibt es noch Dörfer, die aus der Landkarte des Fortschritts bereits vor sechzig Jahren gestrichen worden zu sein scheinen. Der Wille der Sachsen, Versäumtes nun – zumindest auf bestimmten Gebieten – nachzuholen, ist elbabwärts nicht so deutlich erkennbar und gilt dort als verdächtig.

Wie sie von den anderen Nachbarn gesehen werden

Die nachbarschaftlichen Beziehungen zu den Bewohnern der Tschechischen Republik sind durch den Zweiten Weltkrieg und die davor liegende Zeit beeinträchtigt. Jetzt haben die Sachsen das auszubaden, was Deutsche Tschechen angetan haben. Bis heute hat dort niemand das Verhalten deutscher Besatzungsmächte gegenüber der Zivilbevölkerung vergessen, andererseits ist auf deutscher Seite die Erinnerung an das Kriegsende und die zumindest ebenso brutale Behandlung alteingesessener deutscher Einwohner auf tschechischem Boden nicht verblichen.

Zudem haben vor allem Sachsen in den letzten vier Jahrzehnten aus dem Nachbarland herausgeschleppt, wessen sie nur habhaft werden konnten und was von den Grenzwächtern unentdeckt blieb. Vor allem Badezimmerkacheln und Klempnereibedarf wurde in Tschechien in einer für DDR-Sachsen unglaublichen Menge zum Verkauf angeboten. Da die Tschechen es sich aber oftmals nicht leisten konnten, diese Waren selbst zu kaufen, konnten die Sachsen im kleinen Grenzverkehr manches Schnäppchen machen und so ihrer eigenen Mangelwirtschaft eins auswischen. Auch heute wird die Tschechische Republik noch gerne als Billigeinkaufsland genutzt. Zigaretten, Treibstoffe, Lederwaren, Getränke aller Art sowie billige Lebensmittel werden in vollgepackten PKWs über die Grenze geschafft, hin und wieder gekrönt von einem Plaste-Blumengebinde oder einem gigantischen Plaste-Gartenzwerg.

Wie sie die anderen sehen

Den Sachsen ist zunächst einmal jeder verdächtig, der nicht sächsisch spricht. Wer so offensichtlich nicht dazugehört – da ist bestimmt etwas faul. Wer nach etwas Faulem sucht, findet dies in der Regel auch. Daher fällt es den meisten Sachsen schwer, gegenüber Nicht-Sachsen unbefangen aufzutreten. Inzwischen machen sie sich auch gar nicht die Mühe, ihr Mißtrauen, ihr Desinteresse oder ihre Vorbehalte zu verbergen.

Was die Sachsen von den Landsleuten aus den Altbundesländern halten, wird aus folgendem Gespräch deutlich:

»Ich war gestern in ... (sächsische Großstadt).«
»Und, wie ist es gewesen?«
»Och, schrecklisch, kann isch dir sachen ..., wie isch all die schwozen, langen Mäntel gesehn hob, ist mir bald schlescht gewoden, isch hätt' misch beinahe erbrochen.«

Für die Einwohner der ehemals preußischen neuen Bundesländer hegen die Sachsen zur Küste hin abfallende Gefühle. Je weiter sie nach Norden schauen, desto schnippischer kommt ihnen die dort ansässige Bevölkerung vor. Besonders die Berliner halten sie für Besserwisser und freche Schnauzen. Die eigentlichen Küstenbewohner halten die quicklebendigen Sachsen im Vergleich mit sich selbst für lahm, träge und ohne Pfiff.

Tschechen und Polen kommen in sächsischen Augen kaum besser weg. Wenn Diebes- und Lumpengesindel einen neuen Namen erhalten müßte, würden die Sachsen gewiß diese beiden Volksnamen als Synonym wählen, auch wenn sie in der Zwischenzeit gelernt haben, ihre Nachbarn jenseits der Landesgrenzen zumindest verbal ob ihres meist unverschuldeten Schicksals zu bedauern. Sobald aber irgendwo eine Unsauberkeit entdeckt wird, sucht man den Schuldigen sofort und zuerst unter den vorgenannten »Ausländern«. Da besonders Polen und Tschechen ihre Arbeitskraft besonders billig anzubieten bereit sind, werden sie als Konkurrenten um die raren Arbeitsplätze nicht gerade mit nachbarschaftlichem Wohlwollen betrachtet.

Daß sich dieses Nachbarschafts-Verhältnis einmal umkehren könnte, kommt den Sachsen, wie allen anderen (Ost-)Deutschen nicht in den Sinn. Vor dem momentanen polnischen Wirtschaftswunder mit seinen erstaunlich hohen Wachstumsraten ohne (!) Transferleistungen verschließen alle die Augen. »Polens Lage heute ist überhaupt nicht zu vergleichen mit dem Fehlschlag des Aufbaus Ost«, stellte der anerkannte Politikwissenschaftler Arnulf Baring kürzlich fest.

Sächsische Sprache

Goethe hat in seinem Leben drei wunderbare Entdeckungen gemacht: Frau von Stein, den Zwischenkieferknochen beim Homo sapiens und der Sachsen sprachgestalterische Kraft. »Man sollte kaum glauben«, schrieb er, »daß sie B, P, D, T überhaupt für vier verschiedene Buchstaben halten, denn sie sprechen immer nur in einem harten und einem weichen B beziehungsweise D und scheinen dadurch stillschweigend anzunehmen, daß P und T nicht existieren. Aus einem solchen Mund klingt daher Pein wie Bein, Paß wie Baß und Teckel wie Deckel.« Immerhin hatte Frau Rat Goethe ihren Filius Wolfgang nach Leipzig geschickt, damit er dort gutes Deutsch erlerne. Viele deutsche Gelehrte und Dichter der damaligen Zeit sächselten zwar, schrieben jedoch vorbildliches Hochdeutsch, was die besorgte Frau Mama bei ihrem Sproß noch zu vermissen schien.

Im übrigen sprechen alle Deutschen eigentlich Sächsisch. Dies war bereits vor Goethes Zeiten der Fall, und so ist es noch heute. Schließlich verdanken die Deutschen ihre neuhochdeutsche Sprache der Bibelübersetzung Martin Luthers, der sich dafür in erster Linie der sächsischen Kanzleisprache bediente. Dieser Grundlage und Luthers sprachschöpferischer Genialität verdanken wir Wörter wie Denkzettel, Feuereifer und Blutgeld, einprägsame Redewendungen wie »Dorn im Auge« und mittlerweile so geläufige Wörter wie Fieber, Laterne, Person, die ursprünglich Fremdwörter waren und Arbeit, Beruf oder Glaube, die vordem eine andere Bedeutung hatten.

Die Tatsache, daß das sächsische Lutherdeutsch im gesamten deutschen Sprachraum Verbreitung fand, verdankt sich zum einen dem Umstand, daß der damals rasch um sich greifende Protestantismus allein die Worte der (nunmehr auf deutsch erhältlichen) Heiligen Schrift als Fundament des Glaubens gelten ließ und zum anderen den damaligen Neuen Medien. Gutenberg sei Dank konnte man seit neuestem wichtiges Schrifttum in größerer Stückzahl drucken und daher billiger verkaufen und breiter vermarkten als die früheren handgeschriebenen Einzelexemplare. Die Sachsen machten von dieser neuen Technik umgehend regen Gebrauch. Die gesamtdeutsche Wirkung dieses sächsischen Bestsellers ist niemals von einem anderen Buch übertroffen worden.

Sächsischer Dialekt

Den sächsischen Dialekt gibt es nicht einmal ansatzweise. Wenn das ungeübte Ohr die mundartlichen Äußerungen eines Leipzigers mit denen eines Dresdners als gleichklingend empfindet, sollte er diese Wahrnehmung in jedem Fall für sich behalten, da die Sachsen generell sehr empfindlich reagieren, wenn sie aufgrund ihres Dialekts regional falsch zugeordnet werden. Das Sächsische ist grob geschätzt in einundzwanzig unterschiedliche Mundarten unterteilt. Im südwestlichsten Zipfel Sachsens spricht man Nordbairisch, in der Gegend um Plauen Vogtländisch. Das Vogtländische ist im Umgang mit dem Buchstaben R nicht knausrig. Ob die deutsche Orthographie ein R erfordert oder nicht, in jedem Fall wird eines gesprochen. Dieser Dialekt hört sich an, als habe man auf ein straff gespanntes Trommelfell eine Handvoll trockener Erbsen geworfen. Das klingt, sofern dies überhaupt niedergeschrieben werden kann, folgendermaßen: »Drubn bre runs prasseln de Breter!«

Nördlich von Plauen befleißigt man sich des Vorvogtländischen, um Zwickau herum des Westerzgebirgischen, in Chemnitz und nur in einem sehr begrenzten Radius darum herum des Vorerzgebirgischen. Im Chemnitzer Umland wird in östlicher Richtung dann bereits schon West-osterzgebirgisch beziehungsweise Südmeißnerisch gesprochen, was allmählich ins östliche Osterzgebirgische übergeht. Auf das im Vogtland noch zu besonderen Ehren erhobene R wird in den ländlichen Gegenden des Erzgebirges beinahe gänzlich verzichtet. Nach diesem abgespeckten Dialekt müßte man die Magd Alma folgendermaßen bitten, nach Geyer zu gehen, und Butter und Eier mitzunehmen: »Olm, gieh emol mit Butte un Eie uf Geye.«

Im Elbtal in einem weiten Umkreis um Dresden wird ziemlich einheitlich Ostmeißnerisch gesprochen. Um Riesa und Döbeln sprechen die dort Gebürtigen Nordmeißnerisch, während in Borna und Umgebung Westmeißnerisch gesprochen wird. In Leipzig, nur wenige

Kilometer hiervon entfernt, wird bereits Südwestosterländisch gesprochen.

Die Zunge und gar die Finger auf der Tastatur weigern sich beinahe, den nun folgenden Dialekt korrekt wiederzugeben: Südostosterländisch (bitte nur zweimal »Ost«!), der im Wurzener Gebiet gesprochen wird. Zwischen Halle und Torgau, im Gebiet zwischen der Schwarzen Elster und der Mulde spricht man in einem relativ großen Bereich Nordosterländisch. Nach Norden hin endet das mundartliche Sachsen mit dem Dialekt des Elbe-Elster-Gebiets, dem zur Sprachgrenze hin noch ein Tüpfelchen des südmärkischen Dialekts aufgesetzt wird. Nach Osten schließt sich an das Nordosterländische das Schradengebiet an. Zwischen Hoyerswerda und Bautzen spricht man Neulausitzisch. Im sorbischen Gebiet um Görlitz präsentiert sich das Sächsische als Ostlausitzisch, während im östlichsten Zipfel Sachsens in der Gegend um Zittau Oberlausitzisch gesprochen wird. Im Oberlausitzischen kann man – nach der Zubereitungsweise seines Frühstückseis befragt – antworten: »Ä ruh A a Äle gebrutt« (Ein rohes Ei in Öl gebraten).

Die sächsische Sprache im deutschen Sprachraum

Jeder zehnte Deutsche spricht Sächsisch – und das, obwohl im heutigen Freistaat nur fünf Prozent der deutschen Bevölkerung leben. Durch die Flüchtlingszüge vor und während des Zweiten Weltkriegs, vor und nach dem Mauerbau, vor und nach dem Mauerfall hat sich eine Woge von Nutzern der sächsischen Klagelaute über ganz

Deutschland ergossen. Und die haben sich eben auch vermehrt und ihre Sprache an ihre Nachkommen weitergegeben. Kein Kaufhaus oder Supermarkt, in dem nicht wenigstens ein Belegschaftsangehöriger aufgrund dessen laut und deutlich als Sachse zu identifizieren ist.

Mit einem geschickt plazierten sächsischen Ausdruck oder Satz kann jeder Nicht-Sachse bei anderen Nicht-Sachsen wahre Heiterkeitsstürme entfachen. Das Gedankenexperiment, wie Richard Wagner die hehren Worte, die im »Ring des Nibelungen« oder im »Tristan« weltweit begeistern, mit sächsischer Sprachmelodie ersann, ist gewiß kabarettreif. Auch bei dem Gedanken daran, daß Nietzsches Zarathustra die Umwertung aller abendländischen Werte in breitem Sächsisch propagierte, kann man vielleicht dankbar dafür sein, daß das Manuskriptpapier einen Dialektfilter hatte. Der Philosoph mit dem Hammer hätte sich eventuell gegrämt, wenn ihm bewußt gewesen wäre, daß er mit jedem Satz, den er aussprach, bei allen Nicht-Sachsen Vergnügen hervorgerufen hätte.

Die sächsische Sprache in Sachsen

Es fällt auf, daß – von sehr wenigen Ausnahmen abgesehen – kein Sachse in seiner Sprache seine Herkunft leugnen kann und das wird auch keineswegs beabsichtigt. Andererseits gelingt es Nicht-Sachsen niemals einen vigilanten Sachsen mit seinem nachgemachten Dialekt zu täuschen.

Selbst die gewiß gut auf ihre Tätigkeit vorbereiteten Radio- und Fernsehansager in den Regionalsendern können ihre Herkunft nicht verleugnen. Wenn sich ein Sachse bemühen wollte, akzentfreies Hochdeutsch zu sprechen, wird einem aufmerksamen Landsmann dieser versuchte Heimatverrat nicht entgehen. Nur wenige Sachsen denken deshalb überhaupt daran, die sächsischen Altlasten aus ihrer Sprache zu verbannen. Dies hängt natürlich mit dem sächsischen Selbstverständnis zusammen. Man ist eben stolz, ein Bewohner des technisch, wirtschaftlich und kulturell erfolgreichsten Bereichs der DDR beziehungsweise neuen Bundeslandes zu sein.

Noch Mitte der achtziger Jahre wurde von einem Leipziger Verlag ein sächsisches Wörterbuch herausgegeben, in dessen Vorwort ausführlich darauf eingegangen wird, daß Dialekte keineswegs mehr sozial markierend und diskriminierend für den Sprecher wirken. Durch den Dialekt erscheine er nicht mehr ungebildet oder gar primitiv. Es ist doch erstaunlich, daß im allein selig machenden Sozialismus solches Gedankengut vorhanden war und so offen publiziert wurde. Der verantwortliche Kulturfunktionär muß wohl zu Recht davon ausgegangen sein, daß dieses Büchlein wegen der allgemeinen Papierknappheit nur in kleiner Auflage erscheinen und lediglich wenige Interessenten anlocken werde. Andererseits setzte sich ein Großteil der DDR-Führungsriege aus Sachsen zusammen, so daß Sächsisch schon bald den Rang einer Staatssprache für sich behaupten konnte.

Wer Gelegenheit hat, zwei Sachsen beim Gespräch aus einer gewissen Entfernung zu belauschen, wird sich des Gefühls nicht erwehren können, daß sich die beiden gegenseitig die Lasten und Qualen ihres Lebens in herzzerreißenden Jammerlauten mitteilen. Tatsächlich dreht sich das Gespräch aber vielleicht nur um die gute Kartoffelernte in der Sparte (Kleingarten). Dieser Eindruck entsteht, gleichgültig ob eine Frau oder ein Mann sprechen und wird zweifellos noch dadurch verstärkt, daß die Sachsen, haben sie erst einmal den Mund geöffnet, den Quell ihrer Rede ungehindert strömen lassen. Wer Wert darauf legt, seinen Sätzen Gestalt und Charme zu verleihen, wird sich bei diesem Schnellverfahren unheimlich schwertun.

Bei sächsischen Männern ist es auffällig, daß sie beim Sprechen häufig eine Tonlage anstimmen, die möglicherweise bis zu einer Oktave über ihrer angeborenen Stimmlage liegt. Hierdurch wird den Klagelauten noch etwas Quiekendes beigefügt, das den an sich schon eigentümlichen Sprachklang in unnachahmlicher Weise herrlich bereichert. Nicht umsonst bedienen sich Schauspieler und Kabarettisten der sächsischen Sprache, wenn sie die Lacher garantiert auf ihrer Seite wissen wollen. Selbst in der allseits beliebten Zeichentrickserie »Familie Feuerstein« hat ein kleiner außerirdischer Wichtel eine sächsische Synchronstimme erhalten, um mit den Floskeln »Meen Gudsder« oder »Ei varbisch« für sächsisches Sprachkolorit zu sorgen .

Das Sächsische in anderen Sprachen

Sachsen haben aus unerfindlichen Gründen Probleme mit Fremdsprachen. Seien es nun Zitate aus anderen Sprachen, seien es Fremdwörter, der Sachse beißt sich an ihnen die Zunge aus. Teils aus Sturheit, Scham und der Furcht, vor anderen Sachsen als Besserwisser dastehen zu wollen, entstehen dann Sprachblüten, die ihresgleichen suchen. Auch der Sachse hat inzwischen erkannt, daß sich die deutsche Sprache in den letzten Jahrzehnten zu langsam entwickelt hat. Zahlreiche deutsche Begriffe fehlen und wurden längst durch Anglizismen ersetzt. »Lörning bi duing« so heißt dann vielfach die Devise. Wenn aber ein des Englischen kundiger Gesprächspartner dieses Sätzchen in seinem Gesprächspart aufgreift und mehrfach korrekt ausspricht, kann er sicher sein, daß sein sächsisches Gegenüber dies geflissentlich überhört und nach wie vor mit »bi« statt mit »bai« operiert. Mit dem Französischen verhält es sich nicht anders. Die französischen Endungen -ant oder -ent werden auf sächsisch grundsätzlich als »...ang« gesprochen. Da man sich der Peinlichkeit und der Fehlerhaftigkeit dieser Aussprache bewußt ist, wird gerne nach einem Substitut gesucht, so daß der Sachse eben nicht im Restaurant zum Essen geht, sondern auf gut deutsch in die Gaststätte.

Typisch sächsisch

Freundliche Kommunikation
Die Sachsen verfügen nicht nur über eine bemerkenswerte, identitätstiftende Sprache, sie machen auch bemerkenswert viel davon Gebrauch. Sie sind überaus mitteilsam und kontaktfreudig. Ob in öffentlichen Verkehrsmitteln, Wartezimmern, Restaurants, auf Wartebänken in Behörden oder gar in Läden überall wird ein Gespräch begonnen. Das gegenseitige Ansprechen, das Nachfragen, all dies ist ihnen vertraut und geläufig. Diese Kommunikationsbereitschaft darf nicht mit Aufdringlichkeit oder plumper Anbiederung verwechselt werden. In der Freude am Kontakt, an der Mitteilung, am Gespräch ergeben sich nämlich weitere Wesenszüge der Sachsen zu erkennen: Herzenswärme und Lebensneugier. Da kann man sich auf endlose Unterhaltungen gefaßt machen.

Andererseits hat der Sachse auch keine Scheu, Kritik oder Hinweise anzubringen, gleichgültig, ob diese jeweils angebracht oder willkommen sind. Wenn ein Sachse einen Autofahrer beim Einparken an einem Halteverbotsschild beobachtet, kann man fast immer damit rechnen, daß er den Fahrer auf das Verbot aufmerksam machen wird. Entweder wird dies noch mit dem Zusatz, ob er denn nicht lesen könne, oder bei einem Widerwort des Angesprochenen mit einem nicht endenwollenden, jammernd vorgetragenen Palaver kommentiert. Man läßt sich eben nicht so schnell die Butter vom verbalen Brot nehmen. Was Recht ist muß schließlich auch Recht bleiben. Es wäre ja noch schöner, wenn jeder das tun könnte, was er wollte. Schließlich hat man sich die Demokratie nicht erkämpft, um sich nun den Mund verbieten zu lassen. Da kann man sich auf endlose Streitgespräche gefaßt machen.

In solchen Gesprächen ist der Sachse unter Umständen nicht zimperlich.

»Ich habe ja schon viele doofe Wessis getroffen, aber jemand, der so doof ist wie Sie ...« leitet dann beispielsweise einen Streit zwischen Hausbewohnern auf eine andere Ebene, die des Sachsen Lieblingsthema geworden ist. Auch den freundlichsten Sachsen wird man nicht mehr wiedererkennen, wenn ein Streitgespräch einmal diese Wendung genommen hat.

Die sprichwörtliche sächsische Gemütlichkeit

»Geht glei los« heißt es, wenn die Verkäuferinnen vor den Augen und Ohren ihrer Kundschaft erst noch ihren detailgenauen Bericht über die Erlebnisse vom Wochenende beenden wollen, oder die Sekretärin in aller Seelenruhe ihren Kaffee zubereitet, bevor sie eine dringende Arbeit erledigt. Aber nicht nur das Berufsleben ist von dieser Lethargie auf sächsisch erfaßt. Freizeitpflichten oder Vergnügungen werden auf dieselbe Art und Weise angegangen.

Der Floskel »Eilt langsam« bedient man sich eben gerne. Nichts im sächsischen Leben kann so dringend sein, als daß man sich den Herzbändel abhetzen müßte. Wer in Sachsen heute nicht kommt, kommt halt morgen, man muß ja das Kind nicht mit dem Bade ausschütten. Wer mit Weile eilt, ist noch immer zurechtgekommen, zumal das, was heute nicht besorgt werden kann auch morgen noch besorgt werden kann. Die Wiege all dieser auch im übrigen Deutschland gebräuchlichen Redensweisen könnte in Sachsen gestanden haben, wahrscheinlich wurden sie durch die sächsischen Invasoren in den gesamtdeutschen Sprachschatz hineingeschmuggelt.

Die Sachsen haben es eben gerne etwas ausführlicher und umständlicher. Alltägliche Routine wird genauso in langwierige, aber gemütliche Rituale gekleidet wie ungewöhnliche Verrichtungen oder besondere Ereignisse. Erst einmal die Tischdecke auszubreiten und die Kaffeekanne hervorzuholen, bereitet den Sachsen die allerhellste Freude.

Etwas anders verhält es sich mit dem artverwandten Phänomen der Bequemlichkeit. Im Westteil Deutschlands sind die Anforderungen an Lebensumstände gewiß andere als in Sachsen, wenn von Bequemlichkeit gesprochen wird. Für einen Wessi liegen ausreichende Bequemlichkeitsstandards vor, wenn er in einer hochwertig ausgestatteten Wohnung bei einem Glas guten Wein den musikalischen Klängen aus seiner wertvollen Stereoanlage lauscht. Der Sachse spricht von Bequemlichkeit, wenn die Toilette nicht mehr auf der halben Treppe liegt, und es nicht mehr erforderlich ist, nach jedem Geschäftchen aus einer Wasserkanne nachzuspülen. Auch versteht man in Sachsen unter Bequemlichkeit, wenn die Zimmertemperatur nicht mehr nur mittels Fenster oder stundenlang laufender kalter Dusche, sondern ganz einfach mittels eines Thermostats geregelt werden kann. Selbst das Zusammenleben von drei Generationen in einer 75 Quadratmeter großen Wohnung wird auch heute noch als bequem – oder eben auch als gemütlich – bezeichnet.

Schlaue und helle Sachsen

Ein und dasselbe Wort hat in den letzten vierzig Jahren im Osten und im Westen unterschiedliche Bedeutungen angenommen. So ist in den Altbundesländern unter dem Begriff Schläue oftmals die Verfolgung des eigenen Vorteils unter Ausnutzung anderer Menschen, die mit dieser Geistesgabe nicht so reichlich ausgestattet sind, zu verstehen. Wer schlau ist, steht also auf der Spitze einer Pyramide von Mitbewerbern um das Glück und läßt sich von diesen neidisch oder bewundernd betrachten, wenn er nach der neuesten Mode gekleidet aus einem funkelnden Cabriolet in einen hippen Nachtklub schlendert.

Ein schlauer Sachse kommt zwar auch zu seinem Ziel, aber aus den Erfahrungen der letzten Jahrzehnte hat er gelernt, den Kopf zu senken. Das Motto hieß damals: Um keinen Preis auffallen. In einem Staat, der hin und wieder mit Menschenrechten beziehungsweise deren Einhaltung Probleme hatte und ein immer wieder gern zu Lasten der Bürger ausgelegtes Strafrecht anwendete, ist dieses Motto selbstverständlich die Grundlage zum Überleben und zum einigermaßen anständigen Leben gewesen. Aber dies war zugleich die Schläue, die sich ein Sachse zu eigen machen mußte. Die Welt konnte man sich damals nicht nur durch einen eisernen Vorhang betrachten, die unmittelbar vor den Füßen liegende Welt sah man sich am schlauesten durch den Wimpernvorhang der gesenkten Augenlider an. Dies hatte zudem noch den Vorteil, daß man auf den grauenhaft vernachlässigten Bürgersteigen und Fahrstraßen nicht so leicht ins Straucheln kam. Heutzutage hat sich die Oberflächenqualität der Verkehrswege ebensowenig geändert wie die Straßenbeleuchtung, so daß der Blick nach wie vor gesenkt werden sollte.

Zur Schläue gehörte in der seligen DDR auch die Fähigkeit zu organisieren. Organisiert werden mußten nicht nur die Güter zum täglichen Leben, angefangen vom Hering bis zum raren Autoersatzteil.

Organisiert werden mußte auch der familiäre Kontakt. Wer konnte sicher sein, daß nicht der Bruder oder die Ehefrau inoffiziell für das Ministerium für Staatssicherheit tätig war und mit mehr oder minder rabiaten Methoden gezwungen wurde, über Verwandtschaft, Freunde oder Kollegen zu berichten? Im Auge des Staatssicherheitsdienstes war alles interessant. Von der politischen Meinung in einer Familie über Kontakte zum NSW (Nicht-Sozialistischen Westen) bis zu den sexuellen Vorlieben der zu bespitzelnden Personen. Diese Art der Organisation wirft noch immer einen grauen Schatten auf das heutige bundesrepublikanische Leben.

Sachsen sind darüber hinaus aber auch helle, wie sie gerne von sich selbst behaupten, was viele, die jemals mit Sachsen in Kontakt standen, bestätigen können. Dafür wird auch der ansonsten im Deutschen nicht gebräuchliche Frankozismus »wichilant« (vigilant) verwendet. Sächsischen Kindern wird diese Tugend schon von klein an eingebleut. So kann es passieren, daß ein Bub, der von seinen Eltern zum Brötchenholen geschickt wurde, und sich nicht mehr genau erinnern kann, wie viele Brötchen er von welcher Sorte mitbringen sollte, von der Verkäuferin freundlich-gütig, aber mit deutlichen Worten ermahnt wird: »Dos nächste Mol mußt du deine Gedanken einfach besser zusammennähmn!«

Eine begriffliche Unterscheidung zwischen schlau und hell scheint es nur dahingehend zu geben, daß man sich eher schämt, schlau zu sein als zuzugeben, helle zu sein. Der Sachse jedenfalls ist gerne helle.

Auffällige Unauffälligkeit

Von einer nicht zu übersehenden Anzahl von Frauen aller Altersgruppen abgesehen, die nicht mit ihren Reizen geizen, verhält sich der Sachse – aus alter Gewohnheit – extrem unauffällig. Er lebt unauffällig. Seine Nachbarn wissen nur das von ihm, was er sie wissen lassen möchte. Im Sportverein zeigt er sich interessiert und einsatzbereit, im Kleingartenverein setzt er sich für das Wohl des Vereins ein. Alles ist von der Vernunft geprägt, von der offen zutage tretenden Wohlanständigkeit, der augenscheinlichen Rechtschaffenheit und der Furcht, einmal etwas entgegen der kollektiven Meinung tun zu können.

Luxus ist etwas, das eher verpönt ist. Schließlich ist der Sachse jahrzehntelang ohne solchen Firlefanz ausgekommen, warum sollte er dann Geld für so etwas verschwenden. Dieses »so etwas« könnte ebenso ein teurer Bildband über die Schönheit japanischer Gärten, ein einfarbiger Pullover aus echter Wolle oder eine Tranche frischen Lachses sein. Wenn es schon etwas mehr sein darf, dann vergnügt man sich gerne – wohl gemerkt: selten – in den recht beliebten mittelalterlichen Sauf- und Freßkellern, die in Sachsen gerade der letzte Schrei auf dem Gebiet der Erlebnisgastronomie sind. Hier äfft der Sachse peinlich genau nach, wie man Fleischfetzen nur mit einem kurzen Dolch und den Fingern zerteilt, gerade so, wie es ihm von der Bedienung gezeigt wurde. Auch hier darf man ja nur nicht als Spielverderber auffallen, lieber verbrennt man sich den Mund an der heißen, aus einem Napf geschlürften Suppe, als um einen Löffel zu bitten.

Diese bewußt gepflegte Unauffälligkeit und schlaue Zurückhaltung ändert sich unter dem Einfluß von gruppendynamischen Prozessen bei den Sachsen auffallend nachhaltig. Eine fidele Sachsenrunde sprüht dann geradezu von der legendären sächsischen Lebensfreude. Vor Lachen kreischende Weiber, deren Männer sie kaum mit ihrem eigenen hohen Diskant übertönen können, setzen bei ihren Freudenkundgebungen allumgreifend ihren ganzen Körper ein. Die faszinierende, unnachahmliche sächsische Körpersprache bringt zum Ausdruck, was – auf sächsisch – unter Umständen nicht so reizvoll klänge.

Sachsen in aller Welt

Die sächsische Reiselust ist gewiß eine der untypischsten typisch sächsischen Eigenschaften. Ihre Lebensneugier hat die Sachsen zu in alle Welt ausschwärmenden Reisenden gemacht, längst bevor der Massentourismus aufkam. Sogar zu DDR-Zeiten waren die Sachsen trotz der bekannten Einschränkungen ein reiselustiges Völkchen. Urlaubsbekanntschaften, die in Bulgarien geknüpft worden waren, konnten dann in Sachsen unter Sachsen bequem fortgeführt werden, da man beinahe sicher sein konnte, daß der Deutsche, den man im Ausland kennenlernte, ebenfalls aus Sachsen stammte.

Inzwischen hat schon eine erstaunlich große Anzahl von Sachsen mehrfach Griechenland, Spanien, die Malediven oder Amerika bereist. Die fremdländischen Spezialitäten der dortigen Küchen sind vor allem für sächsische Männer ein Greuel, landestypische Musik wird als landestypisch abqualifiziert, allenfalls die Flora wird von den blumenbegeisterten Sachsen hin und wieder eines Lobeswortes für wert befunden.

Sächsische Sitten & Gebräuche

Sächsische Arbeit

»Oarbeit mocht das Lebn siß!« Dieser Wahlspruch gilt in Sachsen uneingeschränkt. Der Sachse arbeitet wahrlich vom Aufstehen bis zum Zu-Bett-gehen. Ein entscheidendes Wort fehlt hier allerdings: ununterbrochen.

In welcher Höchstform die Sachsen ihren Tagesablauf gestalten, nötigt Respekt und Bewunderung ab. Nirgendwo sonst in Deutschland stehen alle Frauen morgens etwa gegen fünf Uhr auf, bereiten für Mann und Kinder die Pausenschnitten vor, bügeln dann die Wäsche, schwingen noch geschwind den Staubsauger, nehmen mit dem Ehegemahl anschließend rasch eine Tasse Kaffee – eventuell mit einem Keksel – zu sich, bevor sie sich die seit der Wende nicht mehr ganz so zahlreichen Kinder unter den Arm klemmen und auf dem Weg zur Arbeit, die Kleinsten in der Kinderkrippe, die Größeren im Kindergarten beziehungsweise im Hort abgeben, um dann spätestens um sieben Uhr auf Oarbeit zu sein.

Nun kann sich ja jeder vorstellen, wie frisch und ausgeruht eine solche Mutti ihr Tagwerk beginnen kann. Zum Glück gibt es aber die ebenso streßgeplagten Kolleginnen und Vorgesetzten. Sie sind nun alle gleichermaßen froh, den hektischen Tagesbeginn hinter sich gebracht zu haben. Da heißt es, erst mal entspannen.

Zunächst müssen die prachtvoll gedeihenden Büropflanzen, wie etwa die allseits beliebte Grünlilie, gewässert werden. Währenddessen läuft bereits der erste Kaffee durch die Kaffeemaschine. Bei einem frühen »Scheelchen Heeßen« kommt dann zum ersten Mal am Tag Ruhe auf. Mit einem kurzen Blick in die Zeitung und die Zimmer der Kollegen hat man sich vergewissert, daß alle anwesend und wohlauf sind. Nun hilft es nichts, sich seiner eigenen Arbeit zuzuwenden. Doch schon bald naht die Frühstückspause. Gar zu willig entweicht man seinem Arbeitszimmer und eilt in die Kantine, um sich am Frühstücksbuffet mit Eiersalat, heißen Würstchen, Fettbemmchen (Schmalzbrot) oder nur mit Joghurt und Obst einzudecken. Dann geht's zurück ins »gemietliche« Büro. Dort setzt man sich wieder ausführlich mit den in keiner Weise neidischen, mißgünstigen oder gar karrieresüchtigen Kollegen zusammen und bespricht von persönlichen Problemen bis zur Lage der Welt jedwedes aktuelle Thema. Nach diesem aufmunterndem Zwischenspiel wird eine Abordnung zum Aufwasch ernannt. Bewaffnet mit Spültuch (auch Abwaschhader genannt), Geschirrtuch und mehreren Plastewännchen, gefüllt mit schmutzigem Geschirr, erschlafften Kaffeefiltern, Bananenschalen (hieran kann man erkennen, daß diese Schilderung tatsächlich aus der Nachwendezeit stammt) verschwinden die Auserkorenen, um nach einer gewissen Zeit mit dem sauberen Geschirr zurückzukehren. Nachdem alles ordentlich verwahrt ist, hilft abermals nichts mehr, und man wendet sich seinen beruflichen Pflichten zu. Zum Glück ist es nicht mehr gar so lange bis zur Mittagspause. Zwischenzeitlich kann man es gewiß ermöglichen, Kollegen in anderen Abteilungen zu besuchen. Diese Besuche liegen natürlich vollkommen außerhalb der Kontrolle des Vorgesetzten, der sich darauf verläßt, daß alles, wie es noch immer heißt, »... seinen sozialistischen Gang geht«.

Um die Mittagszeit ist die Unruhe einfach nicht mehr zu unterdrücken. Der Gang aufs Häuschen ist nun für jeden Mitarbeiter obligatorisch. Anschließend zerstreut sich das Kollegium einzeln oder grüppchenweise zum Einkauf in die hoffentlich in der Nähe liegenden Geschäfte. Bepackt mit einem Sweatshirt für den Sohn oder einem neuen Set der beliebten Toilettendeckelbespannungen und einem Häppchen für das Mittagessen kehrt der pflichtbewußte Beschäftigte erschöpft, aber abgelenkt aus der Mittagspause zurück. »Ach, was haben Sie denn da Hübsches, wo gab's das, was hat's gekostet, gibt es noch andere Farben?« Die Phase intensiven Austauschs der Jagderlebnisse hat begonnen.

In den Zeiten, als es noch die Vollbeschäftigung gab, war es vollkommen üblich, zu jedem beliebigen Zeitpunkt während der Arbeitszeit zum Einkaufen zu gehen, sobald man erfahren hatte, daß ein Geschäft eine begehrte, wenn auch nicht unmittelbar benötigte Ware bevorratete. Ganz aufrichtige Kollegen beteuern allerdings, daß sie früher niemals während der Arbeit auf Einkaufstour waren, geben jedoch unumwunden zu, daß sie während der Arbeitszeit hin und wieder ins Kino gegangen sind.

Sobald wieder Beruhigung eingetreten ist, muß sich jeder zweifelsohne etwas stärken. Bewaffnet mit Teller und Besteck und dem »Häppchen« trifft man sich also wieder und nimmt das Mittagessen gemeinsam ein, sofern man nicht in die Kantine geht, um sich zu Hause abends das Kochen zu sparen. Nun darf wieder zum Geschirrspültanz aufgefordert werden. Die Kollegen, die ohne Pflichten ausgingen, können es nicht vermeiden, ihren Bürostuhl wieder etwas anzuwärmen. Dies geschieht aber nur so lange, bis sich eine gnädige Seele vernehmen läßt, die das Durchlaufen des Kaffees verkündet. »Ja, ja, einen Kaffee habe ich jetzt nötig«, läßt es sich aus vertrockneten, beinahe schlaftrunkenen Kehlen vernehmen. Inzwischen gehen die Gesprächsthemen aus, die Kollegen sind erschöpft und müde. Wenn kein Skandal die Gemüter erhitzt, schiebt man mehr oder minder stumm die Aktendeckel auf dem Schreibtisch von links nach rechts. Vielleicht ist die Vorstellung, sich jetzt so kurz vor dem sehnlichst erwarteten Feierabend noch einmal in die Arbeit stürzen zu müssen, vollkommen demotivierend. Wenn es möglich ist, pünktlich nach Hause zu gehen, werden mindestens eine Viertelstunde vor Schluß der Schreibtisch pikobello aufgeräumt, die Lippen nachgezogen, noch einmal das stille Örtchen aufgesucht und die letzten Sekunden im Geiste mitgezählt. In Hut und Popelinejacke wird dann der Glockenschlag abgewartet. Anscheinend ist es jedoch ausgeschlossen, daß die Uhren mehrerer Beschäftigter haargenau gleich gehen. Das Ende der Arbeitszeit wird jedem, selbst wenn er keine Uhr hätte, durch geschäftiges Getrappel angezeigt.

Wer das Glück hat, pünktlich das Büro, die Werkbank oder den Laden verlassen zu können, freut sich nun auf einen arbeitsreichen Feierabend, in dem man sich den Kleingarten in der Sparte, das Auto oder die Wohnung gründlich vornimmt. Sächsische Hände ruhen eben nie.

Was nun die Arbeit in der Freizeit betrifft, so legen die Sachsen einen vorbildlichen Fleiß an den Tag. Was vor der Wende behelfsmäßig getüftelt, repariert und überbrückt wurde, wird nun von Grund auf neu erstellt. Plötzlich ist die zarte, gepflegte Sachbearbeiterin in der Lage, einen metertiefen Graben auszuheben, in den neue Versorgungsleitungen in ihr kleines Häuschen verlegt werden sollen. Die früher kunstvoll aus Durchschlagpapier per Hand zugeschnittenen Kachelimitate mit täuschend echtem Fugensurrogat werden nun gegen bahamabeige Luxuskacheln ausgetauscht. Noch stehen die Werkzeuge in Vaters Bastelkeller lange nicht still. Wenn erst einmal Kunstrasen auf dem Balkon verlegt wurde, im Wohnzimmer die Sitzlandschaft mit dem Couchtisch – mit echten Fliesen belegt – und die beleuchtete Schrankwand samt Fernsehfach die alten Möbel mit den klangvollen weiblichen Vornamen und einer nach Zukunft und Fortschritt klingenden Phantasiezahl verdrängt hat, die Einbauküche entweder renoviert oder durch ein modernes Austauschstück ersetzt wurde, ist es nun endlich Zeit, für diesen Tag die Arbeit zu beenden und kurz nach den Hühnern ins Bett zu hüpfen, um sich für den nächsten Arbeitstag so richtig auszuruhen.

Sächsische Heimarbeit
Die Sachsen leben nicht in Zimmern. Sie bewohnen Räume. Auch heute noch ist die 2-Raum-Wohnung für einen Junggesellen ein unerhörter Luxus. Die Wohnungsanzeigen in Tageszeitungen bieten seit ein paar Jahren 1- bis 3-Raum-Wohnungen in den wie Pilze aus dem Boden schießenden Wohnparks oder sogenannten Residenzen an. Hinter diesen großspurigen Bezeichnungen verbergen sich jedoch Karnickelställe, die übereinander und so dicht aneinander gebaut sind, daß man sich fast von Fenster zu Fenster die Hand reichen kann. Immerhin haben diese Wohnungen eine relativ gediegene Grundausstattung, so daß die Mieter während der ersten Jahre nicht mit winddurchlässigen Fensterrahmen mit abgeblätterter Farbe, mit regendurchlässigen Dächern, knarrenden Dielen, Wasserrohrbrüchen oder ähnlichem rechnen müssen. Deutlich sei darauf hingewiesen, daß dieser Zustand voraussichtlich nicht besonders lange vorhalten wird.

Die große Konjunktur im Baugeschäft hat die Gründung von Baufirmen von einem Tag auf den anderen begünstigt. Dafür fehlt es jedoch an fachkundigen, mit den jetzt zur Verfügung stehenden Materialien erfahrenen Handwerkern. Der gelernte DDR-Handwerker mag zwar eine solide Ausbildung erhalten haben, dessen hat sich die DDR-Führung stets gerühmt, sein ganzes Arbeitsleben lang hat er aber weitgehend mit mangelhaftem Material Schäden – und sei es nur für kurze Zeit – beheben müssen. In Zeiten der knappen Rohstoffe sind die Fassadenrenovierungen teilweise so vorgenommen worden, daß sämtlicher Stuck von Häuserfassaden, alle Erker und die typischen zahlreichen Türmchen abgeschlagen wurden, um eine glatte, leicht zu bearbeitende Häuserfront zu schaffen.

Aufgrund der Materialknappheit sind in Sachsen andererseits Originalzustände – zwar in etwas verwittertem Zustand, aber immerhin – erhalten geblieben, die im Westen der totalen Modernisierungswut in den sechziger und siebziger Jahren zum Opfer fielen. Neben dem vielgerühmten AWC (Außen-WC meist auf halber Treppe) oder dem Plumpsklo an derselben Stelle, zu dem man bei jeder Benutzung eine Wasserkanne aus der Wohnung mitnehmen mußte und das sich durch einen eindringlichen Geruch auszeichnete, gibt es auch heute noch Treppenhäuser in ganz normalen Wohnhäusern, die phantastische Jugendstil-Gipsornamente oder Malereien aufweisen. Ebenso sind in den Wohnungen häufig noch Wandschränke oder sonstige Einbauten aus der Jahrhundertwende bis hin zu den unterschiedlichen Haken in einer Speisekammer für Würste und Zwiebelzöpfe vorhanden. Auf den weitverbreiteten Teppichklopfbalkonen sind vereinzelt noch Konstruktionen, die an eiserne Kleiderbügel erinnern, vorhanden, die zum Lüften und Ausbürsten von Herrenjacketts dienten. Wer hätte im Westen je von einer derart hochstehenden Lebens- und Wohnkultur gehört?

Da die Neubauwohnungen in der gesamten DDR genormt waren, konnte man sich darauf verlassen, daß eine Einbauküche, die in Greifswald eingepaßt worden war, ganz sicher auch in denselben Wohnungstyp in Dresden passen würde. Dieser materialsparende Vorteil mußte aber teilweise teuer bezahlt werden. Da ein politisches Ziel der DDR darin bestand, den Arbeitern moderne Wohnungen zukommen zu lassen, wurden Wohnungen dort gebaut, wo sie gerade gebraucht wurden. Ohne große Untersuchung des Untergrundes wurden dann einfach in aller Eile Wohnblocks eines bestimmten Typs errichtet. Meist wurde der Zeitdruck durch einen anstehenden Parteitag, an dem sich das System einmal wieder ermunternd auf die Schultern klopfen wollte, erzeugt. Nichts war vor diesen Bauvorhaben sicher. Wenn ein solches Repräsentationsobjekt fertiggestellt werden mußte, kam es häufig vor, daß beispielsweise Badewannen aus halbfertigen Bauprojekten wieder ausgebaut wurden, um das Plansoll an anderem Ort wie üblich überzuerfüllen. Die bedauernswerten Menschen, die früher das Glück hatten, in diesen Schnellbauten wohnen zu dürfen, mußten sich bereits nach wenigen Jahren mit Rissen, die ganze Häuser deutlich in zwei Hälften teilen, abfinden. Wie in Schilda scheinen die Baumeister der letzten vierzig Jahre ihren Bauplan oftmals unter einem schweren Faß versteckt zu haben, so daß allenfalls nur noch die Konturen eines Gebäudes sichtbar waren.

Über die Gestaltung der Außenanlagen scheint sich kaum jemand Gedanken gemacht zu haben. Viele moderne Häuser besitzen nicht einmal einen halbwegs befestigten Weg zur Fahrstraße, geschweige denn zu einem Bürgersteig, der in vielen Fällen nicht geplant oder niemals ausgeführt worden ist. Es ist wirklich erstaunlich, mit welcher Menschenverachtung manche Architekten des praktizierten Sozialismus die Bewohner ihrer zukünftigen Gebäude betrachtet haben müssen.

Da das Sparen auf allen Gebieten des Wohnens angesagt war, kamen die findigen Sachsen darauf, Armaturen einzusparen. Für Waschbecken und Dusche getrennte Leitungen und Armaturen zu verlegen, erschien als überflüssiger Luxus. Fließend warmes und kaltes Wasser waren schon Luxus genug. Daher wurde ein Wandausgang zwischen Waschbecken und Dusche vorgesehen, an dem ein flexibler Schlauch mit einer verstellbaren Handbrause befestigt war. Auf diese Weise konnte der Brausekopf über dem Waschbecken einen glatten Strahl ausstoßen, während er als Dusche viele kleine Wasserstrahlen von sich geben konnte. Wohl dem, der wenigstens eine solche Neubauwohnung ergattern konnte.

Aufgrund des durchweg äußerst desolaten Zustandes der Altbauten waren die sächsischen Bewohner ständig extremen gesundheitlichen Gefährdungen ausgesetzt. Kinderzimmer, in denen an den Hausaußenwänden bei Regenwetter innen das Wasser herablief oder schwarz verschimmelte Wandflächen in Schlafzimmern gehörten ebenso zur Normalität wie schlecht ziehende Kamine, die die weitverbreiteten Kachelöfen zu Qualmspendern umfunktionierten. Daß Braunkohle nicht das optimale Heizmaterial ist, ist jedem bekannt, der sich schon einmal an einem braunkohlegeheizten Ofen wärmen wollte. Wer aber den Originalzustand der Städte nach der Wende bewußt wahrgenommen hat, bekam durch die undurchdringlichen Rußschichten, die jedes architektonische Detail an den Gebäuden verdeckten, das Gruseln.

Für viele Sachsen, die heute in Lohn und Brot stehen, sind diese Wohnverhältnisse glücklicherweise eine fast vergessene Vergangenheit. Mit einem ungeheuren Neubau- und Sanierungsaufwand hat sich das Haus- und Wohnungsangebot inzwischen so weit normalisiert, daß nur noch sehr junge oder sehr alte Menschen täglich Kohle und Asche schleppen müssen.

Dennoch hat der Sachse typische Wohngewohnheiten beibehalten, die sich in der lockeren Aufeinanderfolge der Generationen erstaunlicherweise beharrlich durchsetzen konnten. Angefangen an der Haustür. Sie wird mit Vorliebe fest verschlossen. Wer schon keine Kronjuwelen zu bewachen hat, der sorgt wenigstens für fest verrammelte Türen.

In der Küche glänzt meist eine nagelneue Einbauküche, die in einem der unzähligen Küchenstudios erstanden worden ist – der Traum jeder sächsischen Mutti. Man kann den ikonenhaften Stellenwert der Einbauküche nur ermessen, wenn man sich vergegenwärtigt, »daß mir vor der Wende ausm Westfernsehen schon gewußt hobn, daß es so was gibt, aber daß die das driben tatsächlich in jeder Wohnung hobn, ham mer erscht globn können, als mer's mit eigen Ogn gesähen habn.«

Wenn der Mai in der Regel auch alles neu macht, so sind aus der perfekt gestylten neuen Küche doch ein paar alte Requisiten nicht wegzudenken. Zum einen ist es sehr beliebt, die empfindlichen Cerankochfelder mit einem Stofftuch abzudecken. Wer sich aber nun vorstellt, daß es sich hierbei zum Beispiel um ein ordentliches, neues Küchenhandtuch handelt, gibt sich Illusionen hin. Woher die Fetzen stammen, die zur Abdeckung herangezogen werden, kann niemand mehr sagen, immerhin sind sie aber so sauber, daß ursprüngliche Farbe oder Muster kaum mehr zu erkennen sind.

Das Wohnzimmer, meist nur »Stube« genannt, wird in der Regel von einer imposanten Schrankwand dominiert. Da die Wohnungen häufig relativ klein sind, muß in dieses Möbelstück möglichst viel untergebracht werden. Deshalb sind Modelle mit vielen Schubladen oder Schranktüren so beliebt. Je klobiger die Wohnwand wirkt, um so beliebter ist der Koloß. Um im ansonsten leeren Raum ein massiges Gegengewicht zu diesem Ungetüm zu schaffen, wurde nach der Wende ein Verkaufsschlager nach Sachsen importiert, der in den westlichen Versandhauskatalogen größtenteils schon verschwunden war: der Dreisitzer, der Zweisitzer und der Sessel bezogen mit einem Veloursstoff in einem gedeckten Graurosa-lila-Muster. Um die Sitzmöbel etwas voneinander zu trennen und den letzten Freiraum noch zu verstellen, hat man sich dann gerne noch einen höhenverstellbaren Couchtisch vorzugsweise mit beigefarbenen Kacheln, auf denen holländische Landschaften in brauner Farbe dargestellt sind, angeschafft. Sollte nun immer noch etwas Luft zum Atmen in der Stube sein, muß natürlich noch ein Eßtisch mit mindestens vier Stühlen, die aus Platzmangel und aus einem unumstößlichen Wohlanständigkeitsprinzip selbstvertändlich so weit wie nur möglich unter den Tisch geschoben werden müssen, aufgestellt werden. Außer bei Besuch wird dieser Bereich der Stube geschont und nie benutzt, dafür ist ja die praktische Couchlandschaft mit dem Blick auf den Fernseher angeschafft worden.

Damit aber ja nur niemand in die prachtvollen Räumlichkeiten hineinspionieren kann, wird das Tageslicht mit dichten Gardinen und Vorhängen weitestgehend ausgesperrt. Apropos Licht – allseits beliebt ist die mehrarmige Deckenlampe, entweder aus Holz oder aus Metall gefertigt, die das Licht gerne mit bierseidelähnlichen Glasschirmen eintrübt. So entsteht zwar eine allgemeine Schummerbeleuchtung, aber weder ein praktisches noch wirklich angenehmes Licht.

Immerhin sind die Wände – meist in schlichter weißer Rauhfaser gehalten – nur mit wenig Zierrat wie etwa Schmucktellern, Reiseandenken oder kleinen mit Nippes, Blöckchen und ausrangierten Kugelschreibern angefüllten Hängeregalen geschmückt, so daß sie immerhin viel Licht reflektieren können. Bilder sind in Sachsen erstaunlicherweise nicht sehr verbreitet. Auf den Tschechenmärkten und in Kaufhäusern werden zwar zahllose Scheußlichkeiten in barocken, goldenen Kunststoffbilderrahmen angeboten, die hin und wieder auch gekauft werden, doch ist ungeklärt, wohin diese Kunstwerke verschwinden.

Um Möbel, Spannteppich und Gardinen zu schonen, wird die ganze Wohnung meist zur Sperrzone für Raucher erklärt. Im Sommer ist das durchaus kein Problem. Im Winter steht jeder Raucher, ob Gast oder Mitbewohner vor der immer wieder spannenden Frage: Balkon (soweit vorhanden) oder Treppenhaus. So kann man sich immer wieder daran erfreuen, einen mit ausgebeulten Jogginghosen und Schlappen bekleideten Hausherrn mehrfach am Feierabend fröstelnd allein oder mit Gästen in die kalte Luft hinaustreten zu sehen, um seiner Sucht zu frönen.

Schuhe müssen draußen bleiben!
Die Treppenhäuser in Sachsens Wohnburgen gleichen Schuhsalons mit großer Auswahl zu günstigen Preisen. Vor jeder von Sachsen bewohnten Wohnung stehen ganze Batterien großer, kleiner, geputzter oder ungeputzter, alter oder neuer Schuhe. Je nach individuellem Geschmack wird entweder nur das aktuelle Paar Schuhe für jeden Tag vor der Wohnungstür gelagert, bei anspruchsvolleren Sachsen kann es aber auch vorkommen, daß jedes Familienmitglied mehr als ein Paar Alltagsschuhe besitzt und diese auch im Treppenhaus ausmüffeln läßt.

Besucher, die partout keine gute Erziehung genossen haben, werden dann von den Gastgebern direkt darauf hingewiesen, ihr Schuhwerk doch bitte vor der Wohnungstür abzustellen. Immerhin sorgt diese Sitte dafür, daß Sachsen, die einigermaßen auf sich halten, in der Regel tadellose Strümpfe tragen. Verfärbungen durch das Innenfutter der Schuhe oder abgewetzte Fersen gibt es praktisch nicht. Befürchtungen, seinen Gastgeber womöglich geruchlich durch Fußschweiß und einen warmen Ledergeruch zu belästigen, sind offenbar fehl am Platz. Wenn man sich also seiner Schuhe entledigt hat, wird dann endlich der Zugang ins Allerheiligste gestattet. In sächsischen Wohnungen sind vorzugsweise helle Teppichböden ausgelegt. Von daher ist das Schuhdrama in gewisser Weise verständlich, wenn auch von Fall zu Fall unangenehm. Wohl dem, der nicht bei einem Gastgeber eingeladen ist, der dem entschuhten Gast fürsorglich seine alten ausgetretenen Hausschuhe aufzwingen möchte – auf daß es so richtig gemütlich werde.

Sächsische Höflichkeit & Hilfsbereitschaft

Die Sachsen rühmen sich, daß die sprichwörtliche sächsische Höflichkeit seit altersher nicht auf die »höheren Stände« beschränkt war und sie wurde natürlich nicht nur im Umgang miteinander bewiesen, sondern gerade auch gegenüber Fremden, die jedenfalls in Dresden und Leipzig von jeher zum Alltagsleben gehörten und die man für sich einnehmen wollte.

Nach sächsischer Sitte völlig unverzichtbar ist vor allem das Händeschütteln. Ob morgens auf dem Schulweg zwischen Kindern, am Arbeitsplatz zwischen allen (!) Kollegen oder in der geselligen Runde unter Freunden: Händeschütteln – im Zweifel mehrmals täglich. Bei besonders feierlichen Anlässen wird natürlich gerne besonders lang geschüttelt. Solange die Geburtstagswünsche oder die Jubiläumsansprache in allem Ernst vorgetragen werden, darf der zu Ehrende nicht aus dem festen Griff des Redners entlassen werden.

Erstaunlich ist, daß die Sachsen es hierbei vermeiden, sich in die Augen zu sehen. Offensichtlich widerspricht dieses Ausweichmanöver nicht den Geboten der sächsischen Höflichkeit.

Der Beginn eines Telefonats ist in Sachsen hingegen selten ein Grund zur Freude. Dem Anrufer schlägt häufig eine zutiefst skeptisch oder brummig klingende Stimme entgegen. Er bekommt unwillkürlich das Gefühl vermittelt, zumindest zur Unzeit anzurufen, lästig zu fallen oder sich gar eines Vergehens schuldig gemacht zu haben. Erst wenn klar ist, daß der Anrufer ein berechtigtes Anliegen vorträgt und eine akzeptable Identität besitzt, wird sein Anruf in freundlicherem Ton weitergeleitet.

Oder der Brummton weicht einer gefestigten Stimme, die mit sachlicher Kompetenz die gewünschten Auskünfte erteilt und sogar darüber hinaus gehende Hilfsbereitschaft erkennen läßt.

Die Sachsen sind auch sonst sehr hilfsbereit. Wer auf der Autobahn eine Panne hat, bleibt nicht lange allein. Sofort machen sich eifrige Helfer über das Not verursachende Autoteil her. Neben einem allgemeinen Urteil über das Auto: » No, die Tschechen sind noch immer nisch besser gewoden«, (bei einem KfZ tschechischer Herkunft) bis zu dem stereotypen Satz, daß man ja an den modernen Autos fast gar nichts mehr selber machen könne, wird vor allem viel geschwätzt.

Die Zeiten, in denen zu dem unverzichtbaren Reisegepäck im Urlaub Damenstrümpfe gehörten, sind allerdings vorbei. Nicht, daß die Sächsinnen sich zu einem Strumpfboykott verabredet hätten, die Keilriemen sind aber heute von wesentlich besserer Qualität, so daß selbst der hilfsbereiteste Sachse kaum mehr mit diesem »Ersatzteil« aushelfen müßte.

Sächsische Mediennutzung

In einem Punkt nehmen Sachsen die Wende sehr ernst: bei Nachrichten im Radio, im Fernsehen oder aus den Tageszeitungen. Viel Zeit verbringen sie täglich damit, sich auf dem laufenden zu halten. Durch die Lektüre der Bild-Zeitung und ähnlich niveauvollen Blättern bildet sich der Sachse seine eigene individuelle Meinung. Es ist bedauerlich, aber wahr, daß es keine sächsische Zeitung gibt, die auf eine überregionale Verbreitung hoffen dürfte, da den gut recherchierten Hintergrundberichten im Gegensatz zum Sensationsreport eine vernichtend geringe Bedeutung beigemessen wird. Kurze Berichte, von markigen Überschriften eingeleitet, sind so recht nach des Sachsen Herz. Eine Zeitung soll ihm nach seiner Auffassung schließlich nicht das Denken abnehmen. Aus den dargebotenen Informationen übernimmt er dann willig auch die dezent anklingende Bewertung und ist froh, Grundrechte wie freie Meinungsbildung oder Pressefreiheit so gut verstanden zu haben und damit so geschickt umgehen zu können.

Sachsen haben sich aufgrund der inzwischen offiziell abgeschlossenen jüngsten Geschichte niemals sehr um ihre eigene Zukunft sorgen müssen. Was Staat und Partei nicht planten und ins Lot brachten, wurde von der Familie abgefangen. Gelegentlich schauen sich Sachsen jedoch im Fernsehen informative Sendungen über Rentenberechnung, Tricks und Tips für den Ratenkauf oder die Vor- und Nachteile einer Eigentumswohnung an. Ausstrahlungen über andere Bereiche des Lebens – wie beispielsweise die eigene Verantwortung bei der Aufzucht der Kinder – haben diesen Aufmerksamkeitswert im sächsischen Volk noch nicht erreicht.

Bis auf sowjetische und DDR-Filmkonserven, sowie die alten immer wieder im MDR und auf Dresden Fernsehen oder Leipzig Fernsehen ausgestrahlten Shows, können die Sachsen dem Fernsehen nur geringen Unterhaltungswert abgewinnen. Serien wie »Golden Girls« oder »Denver-Clan«, deren wöchentlichen Episoden die Westdeutschen mit fiebriger Erwartung entgegensahen und deren Protagonisten-Schicksale seitenlange Berichte in den westlichen TV-Gazetten füllten, sind im Tal der Ahnungslosen genauso reizvoll wie indische Liebesfilme für die Resteuropäer. Und obwohl große Spielfilme mittlerweile in immer neuen Wiederholungen auch in die entlegensten Gegenden östlich der Elbe dringen, vermag der Sachse mit Namen wie Joan Crawford, Cathérine Deneuve oder Federico Fellini nichts zu verbinden.

Fernsehen nur zum Spaß kennt er nicht und hat auch keine entsprechenden Bedürfnisse. TV muß zwar groß, bunt und aufwendig gestaltet sein, das Programm könnte sich aber auf Sport und Infomation sowie auf Action-Reißer und einige hausgemachte Unterhaltungssendungen beschränken.

Die Sachsen & ihre Familie

Sachsen sind die Familienmenschen schlechthin. Ihre sozialen Kontakte erstrecken sich primär auf die Familie. Erst an zweiter beziehungsweise weiterer Stelle stehen die Genossen (oh, Verzeihung, gemeint sind natürlich die Kollegen) aus früheren oder noch bestehenden Arbeitskollektiven der guten alten Zeiten, Klassenkameraden, Freunde aus dem Sportverein oder der Kleingartensparte sowie Nachbarn aus den sich allmählich auflösenden Garagengemeinschaften.

Unbestrittener Mittelpunkt der Familie ist die Mutti. Das gesamte Familienleben steht und fällt mit der Animation durch die Mutti. Was von der Mutti nicht abgesegnet ist, kann in den Augen der Familie keinen Bestand haben. Die Mutti – ein anderes Wort kennt der sächsische Sprachgebrauch nicht einmal in der formelleren Sprachebene – sorgt für die Kinder, von denen es pro Familie mindestens zwei gibt – wie in den vorbildlichen Bilderbuchfamilien in den Erstkläßlerfibeln. Von ihr alleine hängt es ab, wann und wie lange der Vater in seinem Bastelkeller untertauchen und dort den Zeiten nachtrauern darf, in denen seine handwerklichen Fähigkeiten noch dazu benötigt wurden, um der Familie wenigstens ein einigermaßen komfortables Leben zu erbasteln, während er nun allenfalls kleinere Reparaturen an den erzgebirgischen Weihnachtspyramiden vornehmen darf.

Trotzdem ist die Familie für die Mutti eigentlich nur eine Nebenbeschäftigung, wenn auch eine arbeitsaufwendige und nervenaufreibende.

In Sachsen müssen alle Frauen und Mütter berufstätig sein, um ihre Daseinsberechtigung nachzuweisen. Da nach wie vor sehr viel im Schichtbetrieb gearbeitet wird, bedeutet dies, daß noch immer ein relativ gut funktionierendes System vorgehalten werden muß, das die Vollbeschäftigung der Mutti absichert. Dafür gibt es zunächst die Frühbetreuung in den unterschiedlichen Kindereinrichtungen. Es ist daher kein Problem, die Kinder morgens in aller Herrgottsfrühe in einer Kinderverwahrstätte abzugeben und sie dann aus der weiteren Tagesplanung auszuschließen. Die Kinder werden dort mit Frühstück, Imbissen, warmem Mittagessen und einem Nachmittagshäppchen verköstigt. Wenn die Kinderverwahranstalt einmal die Verwegenheit besitzen sollte, in der Ferienzeit vollständig ihre Pforten zu schließen, ist es auch heute noch eine Selbstverständlichkeit, daß die Kinder zur Mittagspause in den Kantinen der Betriebe, in denen ihre Eltern *auf Oarbeit* sind, erscheinen und das in der Regel von den Arbeitgebern finanziell geförderte Kantinenessen zu den gleichen Bedingungen wie ihre Eltern zu sich nehmen können. Die Wende hat immerhin den Vorteil gebracht, daß die Mutti nun nicht mehr darauf achten muß, daß das Eßbesteck auch tatsächlich in die elterlichen Kantinen mitgebracht wird, da dies inzwischen in ausreichender Menge und weitgehend stabiler Qualität vorhanden ist. Abends ist es dann ausreichend, wenn die Familie Schnitte oder Bemmchen mit Gewürzgurken aus dem Spreewald oder Tomaten aus der Sparte vorgesetzt bekommt. Kulinarische Anforderungen werden an die Mutti nicht gestellt.

Oma & Opa

Oma und Opa sind in der Regel wegen ihrer eigenen sehr frühen Fortpflanzungstätigkeit und der ihrer Sprößlinge mindestens so lange berufstätig, bis die Enkel aus dem Gröbsten heraus sind. Sie führen – zumindest während ihrer Berufstätigkeit – ein weitestgehend eigenständiges Leben, mit eigenen Freunden, eigenen Freizeitaktivitäten und dem deutlich zum Ausdruck gebrachten Bewußtsein, nun nach der Wende auch noch eine Scheibe vom Kuchen des Lebens abschneiden zu wollen. Das schließt keineswegs aus, daß der Kontakt zwischen Großeltern, Eltern und Kindern in der Regel sehr gut und vertraut ist. In den Altbundesländern wäre es kaum denkbar, daß Teens und Twens ihre Wochenenden freiwillig in der Gartenparzelle der Großeltern verbringen, was in Sachsen durchaus nicht ungewöhnlich ist.

Im Falle der Pflegebedürftigkeit älterer Angehöriger ist es in Sachsen seit jeher sehr verpönt, diese in Alters- oder Seniorenheime zu entsorgen. Die ganze Familie bemüht sich oftmals darum, dem alten Verwandten den Aufenthalt in seiner Wohnung bis zum Lebensende zu ermöglichen. Das Einkaufen, Putzen, Kochen und Waschen wird reihum meist von den weiblichen Angehörigen erledigt. So wird wenigstens für deren äußeres Wohlergehen gesorgt. Wenn diese Pflichten erfüllt sind, wendet sich jeder mit beruhigtem Gewissen wieder seinen eigenen Angelegenheiten zu. Jeder versteht, daß die jüngeren Generationen *oarbeiten* müssen und sich daher nach getaner Pflegearbeit nicht auch noch um die zwischenmenschlichen Bedürfnisse ihrer älteren Verwandten kümmern können.

Weitere Familienmitglieder

Die übrigen mehr oder weniger verstreut lebenden Familienmitglieder wie Onkel, Tanten und deren Anhang treffen sich auf jeden Fall zu allen bedeutenden Familienfesten genauso wie zu den weniger bedeutenden Familiengeburtstagen, zu denen meist schon gar nicht mehr eingeladen wird, da die Verwandtschaft sowieso von sich aus erscheint. Für die Sachsen steht die Familie eben an erster Stelle, und es wird kaum ein Anlaß ausgelassen, der freie Verköstigung, Gelegenheit zu gemütlichem Plausch und Stärkung der inneren Bande verspricht.

Die Schutzwirkung, die der menschliche Zusammenhalt im Familienverband gewährleistet, bewährt sich besonders gut auch im Jahresurlaub.

Oftmals verbringen ganze Familienclans ihre Ferien gemeinsam. An einem Autobahnrastplatz, der von allen erreicht werden kann, trifft sich die Familie, die fein geputzten Westautos bis zur Dachrinne mit Konserven und Kartoffelsäckchen beladen – was ist im Urlaub schon an

Garderobe erforderlich? – um dann mit geballter Kraft eine Familienpension im bayerischen oder österreichischen Ausland anzusteuern. Die dortigen Herbergswirte tun am besten daran, dem Sachsenclan Teller, Gläser, Kochgelegenheiten und Schlaf- und Versammlungsräume zur Verfügung zu stellen und sich mit dem Angebot darüber hinausgehender teuerer Dienstleistungen zurückzuhalten.

Vierbeinige und gefiederte Familienmitglieder

Sachsen haben zu Haustieren ein äußerst ambivalentes Verhältnis. In der DDR war die Haustierhaltung vor allem in den Städten auch wegen der Futterversorgung problematisch.

Andererseits diente die Haustierhaltung oftmals auch der Bereicherung des Speisezettels. Wer also nur wenig Platz hatte, hielt sich zumindest Kaninchen. Wer über ein etwas größeres Terrain verfügen konnte, züchtete Hühner.

Die reine Luxustierhaltung hat erst in den letzten Jahren zugenommen und dient – ebenso wie andernorts – vornehmlich der Vertreibung der Einsamkeit. Emotionale Leerstände wurden früher teilweise durch Veranstaltungen der Massenorganisationen ausgefüllt, so daß sich der Sachse und die Sächsin niemals einsam, ausgeschlossen oder überflüssig vorkommen mußten. Nach der Wende ist dieser nicht zu unterschätzende Halt entfallen. Ersatz muß geschaffen werden, menschliche Sympathien müssen erworben und mit viel Einsatz gepflegt werden. Da ist das »Kätzchen« oder das »Hundele« unter Umständen wesentlich einfacher zu handhaben.

Familiengeheimnisse

Diese teilweise beneidenswert erscheinenden Familienverhältnisse verhüllen aber auch manches wohlgehütete Geheimnis.

Kein Geheimnis war es, daß die Scheidungsrate in der DDR vergleichsweise hoch lag. Wenn diese Rate im Abnehmen begriffen ist, hängt dies vor allem mit der Tatsache zusammen, daß sich viele Ehepaare wegen Arbeitslosigkeit und geringer Verdienste keine Scheidung und ihre Folgen mehr leisten können. Scheidungsgründe gibt es heute noch ebenso wie früher. Die Wende hat diesbezüglich keine Veränderung gebracht. Wenn vor der Wende zwei an einem Waldrand abgestellte freudlos hellblau lackierte Trabants ein außereheliches Schäferstündchen vermuten ließen, so konnte dieses Phänomen in der Wendezeit und kurz danach kaum noch beobachtet werden. Ehemänner und Ehefrauen waren wohl daran interessiert, das zu erhalten, was einen gewissen Bestand versprach. Seit neuerem stehen an den bekannten Wäldchen blitzende, gewiß noch nicht ganz bezahlte Westkarossen. Die Hoffnung auf ein neues Glück hat also auch den politischen Umschwung unbeschadet überstanden.

Die Ehepaare, die sich an dem Bestand ihrer Ehe bisher unangefochten erfreuen konnten, sehen sich mit neuen Problemen konfrontiert. Wer nämlich noch das

Glück hat, in einem Beschäftigungsverhältnis zu stehen, muß oftmals wirklich großen Einsatz bringen. Arbeitszeiten vom sehr zeitigen Morgen bis weit in die Nacht sind besonders in der gebeutelten Bauindustrie keine Seltenheit. Wochenenden lassen den Familien bestenfalls wenige gemeinsame Stunden, da vielerorts Arbeit mit nach Hause genommen wird oder im Betrieb zwischendurch noch einmal nach dem rechten gesehen werden muß. Von den in vielen Fällen von Arbeitslosigkeit betroffenen Ehefrauen wird dann ein Höchstmaß an Verzicht und Toleranz gefordert. Wenn aber, was immer häufiger vorkommt, beide Ernährer in einer Familie von Arbeitslosigkeit betroffen sind, ist es leicht nachvollziehbar, daß bei einem Volk, das lediglich für die *Oarbeit* lebt, größte innerfamiliäre Konflikte entstehen.

Familienkonflikte neuer Art entstehen auch dadurch, daß Eltern seit der Wende oft zum ersten Mal erkennen müssen, welche Probleme die Elternschaft tatsächlich mit sich bringt und daß sie die Verantwortung für die Erziehung der Kinder selbst übernehmen müssen.

Vor und kurz nach der Wende waren sächsische Kinder und Teenager überaus wohlerzogen, gesittet und folgsam, saßen still bei Tisch und vermieden rund ums Haus jeglichen Lärm, verstanden es, ihre »Gedanken zusammenzunähmn« und ihr Lernpensum ohne teure Nachhilfestunden zu bewältigen. Waren die Jugendlichen also bis dahin wesentlich »braver« als ihre Altersgenossen in den Altbundesländern, so haben sie diesen Unterschied inzwischen vollkommen einebnen können. Sächsische Eltern stehen dieser Erscheinung im wahrsten Sinne des Wortes sprachlos gegenüber. Die Kommunikation wird zunehmend problematisch. Eltern verstehen nicht, was ihren Nachwuchs beschäftigt und daß sich der Lebensinhalt der Jugend mit atemberaubender Geschwindigkeit von der elterlichen Zielvorgabe Heiraten und Arbeiten zu »ich will einfach nur Geld und Spaß haben« verändert hat.

»Es muß doch etwas gegen diese jugendlichen Unholde getan werden!« lautet der fassungslose Aufschrei entsetzter Eltern angesichts von Vandalismus, Verkehrsrowdytum und sprunghaft angestiegener Jugendkriminalität. Resiginierend ziehen sie sich in ihren *Goarten* zurück, in der Hoffnung, daß der neue Vater Staat endlich lenkend eingreift. »Hätte ich gewußt, daß das staatliche Erziehungssystem mich so im Stich läßt, hätte ich mir niemals ein Kind angeschafft« lautet die vorläufige Bilanz dieses Generationenkonflikts.

Es gibt allerdings auch den Generationenkonflikt mit umgekehrten Vorzeichen. Seit sehr, sehr langer Zeit gibt es nun wieder eine sächsische Jugend, der die Welt im wahrsten Sinne des Wortes offensteht. Sie hat die Freiheit zu reisen, wohin sie will, zu studieren, wo sie möchte, sich ausbilden zu lassen, wo es die besten Möglichkeiten und die vielversprechendsten Berufsaussichten gibt. Da wundern sich selbst manche sächsische Eltern, für die die Welt außerhalb der DDR völlig außer Reichweite lag.

Für einen sehr hohen Prozentsatz von sächsischen Jugendlichen existiert diese Welt allem Anschein nach jedoch jenseits der Wahrnehmungsgrenze. Sich der Erfahrung der westdeutschen Betriebsamkeit oder gar einer fremden Kultur auszusetzen, kommt ihnen nicht in den

Sinn. Ein Studium außerhalb der Landesgrenzen gilt allenfalls als notwendiges Übel und wird nur mit baldestmöglicher Rückfahrkarte in die Heimat angetreten. Besonders gesucht sind Ausbildungs- und Arbeitsplätze im öffentlichen Dienst und bei Banken, Versicherungen und in sonstigen kaufmännischen Berufen, die traditionell als »sicher« gelten. Selbst junge Männer nehmen lieber mit solch einem warmen Plätzchen in der Nähe der vertrauten Umgebung vorlieb, als irgendwo anders nach etwas höher hängenden Trauben zu greifen. Das Potential an männlichen Behördensekretärinnen ist in Sachsen besonders hoch.

Die Sachsen in der Freizeit

Sex

Der Sachse kann mit Freizeit nichts anfangen. Arbeit, Arbeit, Arbeit – aber dann gibt es doch noch etwas anderes. Diese(s) Andere hat eine hausgemachte und heimgefärbte Nudeldauerwelle mit brüchigen Spitzen.

Unter ihrer Bluse atmet das in der Regel üppige, von zirkus-doppelzeltgleichen Gummipanzern gehaltene und freizügig dem mehr oder minder interessierten Betrachter unter die Nase gestreckte Dekolleté die ganze Lebenslust der Sächsinnen. Beim Werben um die Gunst der holden sächsischen oder nicht-sächsischen Männlichkeit setzt das Mädchen des Volkes ihre gerne in knackig enge Hot pants oder verboten kurze schwarze Lederröckchen gehüllten Hüften ein. In solcher Verkleidung beugt sie sich dann mit Vorliebe vor allem bei männlichen Besuchern, Kunden oder Ratsuchenden so weit nach vorne, um nach einem Gegenstand außerhalb ihrer unmittelbaren Reichweite zu greifen, den sie aus einer anderen Ausgangsstellung ohne Zurschaustellung ihrer gesamten weiblichen Reize wesentlich leichter hätte greifen können. Sachsen ist eben immer noch das Land, wo die *scheenen Mädschen an de Beeme* wachsen.

Bei diesen Erwartungsrelikten vergangener, möglicherweise besserer Zeiten ist heute jedoch etwas zurückhaltende Vorsicht geboten. Der Genießer kommt denn doch nicht so ohne weiteres auf seine Kosten. Wer sich nämlich nicht nur mit den Augen weiden oder mit den Händen in blinder Gier zupacken möchte, muß seine Sinneswahrnehmungen auf unbekannte Sinneseindrücke vorbereiten. Neben manchen olfaktorischen Besonderheiten, die unter Umständen, je nach persönlichem Geschmack, einen erotischen Reiz auslösen – oder gerade nicht –, kann der Jäger auch ein Auge auf eine junge Frau geworfen haben, die den Eindruck erweckt, als sei sie noch in der Ausbildung oder gerade erst ins Berufsleben eingetreten. Aber, Vorsicht, meine Herren, bei der Dame ihres Herzens könnte es sich durchaus um eine verheiratete Mutti mit zwei Kindern handeln. Sächsinnen haben nämlich in vielen Fällen ein Rezept zur überdurchschnittlich erfolgreichen Erhaltung ihres jugendlichen Aussehens und ihres jugendlichen Wesens bis in die mittleren Lebensjahre gefunden. Manch feuriger Werber hat schon bittere Erfahrungen machen müssen. Drum prüfe, wer sich – zumindest vorübergehend binden – will.

Wer also überprüft hat, ob die Herzensdame theoretisch ungebunden, optisch überzeugend, angenehm duftend und altersmäßig passend ist, kann nun getrost mit seinem Werben beginnen.

Geradezu kontraproduktiv sind dabei allzu ausgeklügelte Taktiken. Sächsinnen sind von ihren Landsmännern, die sich nur in seltenen Fällen auf kunstvolles Reden oder Werben verstehen und deren Aufmerksamkeiten sich allenfalls in einem eingetüteten Blumenstrauß vom fliegenden Händler an den großen Ausfallstraßen erschöpfen, mehr oder weniger den Frontalangriff gewöhnt. Dieser führt dann nach einer angemessenen Zeit auch zum Erfolg. Raffinesse bei der Eroberung läßt sie stutzig werden und schreckt vielfach ab. Nicht wenige Sächsinnen fürchten beispielsweise heute, ihre Männer an Frauen aus dem Westen zu verlieren, da diese in Sachsen in dem Ruf stehen, gebildeter, verführerischer und sexuell aufgeschlossener zu sein. Diese Befürchtungen spiegeln allerdings lediglich das in dieser Hinsicht im Augenblick historisch bedingte mangelnde Selbstbewußtsein vieler Sächsinnen wider und sind in Wahrheit im Hinblick auf die Westfrau völlig fehl am Platz.

Der Fall, daß eine aus dem Westen importierte Frau sich einen sächsischen Gefährten sucht, ist im Gegensatz zur umgekehrten Konstellation äußerst selten und deshalb kaum für die eingeschüchterte Sächsin als direkte Gefahr zu bezeichnen. Frauen aus den Altbundesländern bleiben in Sachsen von den männlichen Ureinwohnern weitestgehend unbehelligt, zum Kummer mancher ledigen Dame, die mit einem Wechsel in eine neue Welt auf ein, vielleicht sogar spätes, Glück hofft.

Umgekehrt ist das schon etwas anderes. Immer häufiger kommt es vor, daß Altbundesrepublikaner Sächsinnen ehelichen – und zwar typischerweise in einer Konstellation, die in altmodischen Romanen als »nicht standesgemäß« bezeichnet wurde. So hat sich dann auch der verallgemeinernde Begriff der »Ostmaus« gebildet. Die »Ostmaus« hat in der Regel als Bürokraft oder in einer ähnlichen subalternen Position gearbeitet und ist dem überarbeiteten, gestreßten Westkollegen mit einer Mischung aus bewundernder Demut und sächsischer Keckheit entgegengetreten. Mangels einer ausgewogenen Szene, in der sich die unterschiedlichsten Menschentypen unter ihresgleichen bewegen können, wird dann der Griff ins Büro gewagt und die komplizierte, anspruchsvolle Ehefrau im Westen – soweit vorhanden – entweder in die Schar der Betrogenen oder gar der Verstoßenen entlassen. Die »Ostmaus« ist von Hause aus daran gewöhnt, daß Tag und Nacht gearbeitet wird und sie ist mit einem eher geringen Maß an Zuwendung zufrieden. Schon ihre Eltern haben in der Regel in alternierenden Schichten gearbeitet, in den Kinderverwahranstalten beziehungsweise den Schulen war sie auch nicht gewöhnt, im Mittelpunkt zu stehen und in ihrem Berufsleben war zwar zu DDR-Zeiten ein Aufstieg in Führungspositionen für Frauen ein Staatsziel, aber über ein paar Quotenfrauen hinaus blieb dieses hehre Ziel reine Theorie. So ist die Sächsin dann in vielen Fällen froh, wenn sie hoffen kann, mittels ihrer Eheschließung mit einem Rechtsanwalt oder einem Manager den Weg in eine »höhere« gesellschaftliche Schicht beschritten zu haben. Dies sind Phänomene einer Gesellschaft im Umbruch. Wie sich diese persönlichen Hoffnungen erfüllen werden, werden die nächsten Jahre zeigen. Noch sind diese Beziehungen zu neu und beide Partner müssen zu hart arbeiten, um sich über ihre wirklichen Zukunftsperspektiven Gedanken machen zu können. Es besteht ja durchaus die Möglichkeit, sich auf diese Weise dem heute realistischen Ideal einer Zweierbeziehung am weitesten anzunähern.

Wenn nun die Krönung der Schöpfung auf der Pirsch eine Sächsin gefunden hat, die ihn in jeder nur denkbaren Weise reizt, könnte es nun theoretisch auch »zur Sache gehen«. Jetzt zeigt sich, ob das verschärfte Leder-Outfit und die flammend rot gefärbten Haare lediglich eine Modetorheit waren oder tatsächlich Ausdruck einer gesteigerten Lebenslust sind. Generell läßt sich aber sagen, daß auch in Sachsen nur mit Wasser gekocht wird. Deshalb ist es auch nicht weiter erstaunlich, daß besonders in Sachsen Beate Uhse samt Konsorten mit ihren reizvollen Produktpaletten erotischer Hilfsmittel aller Art einen goldenen Boden gefunden haben.

Dem reiferen sächsischen Mann muß attestiert werden, daß er mit Abklingen seiner Jugendlichkeit wohl immer weniger auf die Zurschaustellung seiner optischen Reize gibt. Im Gegensatz zu ihren weiblichen Stammesgenossen strahlen die Männer ab dem mittleren Lebensalter nicht einmal den geringsten sexuellen Reiz mehr aus.

Junge Sachsen hingegen geben sich in großer Zahl dem aktuellen Bodykult hin. In Bodybuildingstudios oder den nach wie vor äußerst beliebten Sportvereinen werden harte Konturen erarbeitet, im Solarium wird die unsächsische Bräune erzwungen und in den zahllosen Jeansläden werden für Unsummen topmodische Bekleidungsartikel samt Accessoires erworben. Nur der eingeweihte Kenner vermag zu unterscheiden, ob diese Einheitsmode vom Wühltisch oder aus einem Designershop stammt. Auf diese Weise beeindruckt der sächsische Jüngling seine Mitbewerber und die jungen Damen. Sie zeigen ein äußerst aggressives Verhalten gegenüber ihren Tussis. Männlichkeit pur ist hier besonders angesagt. Wie aufgeplusterte Gockel stapfen sie – leicht vorgebeugt wie Kampfaffen – durchs Leben und beeindrucken auf diese Art so manches junge Mädchenherz. Um zu ihren männlichen Altersgenossen zu passen, haben sich viele junge Sächsinnen ebenfalls einen äußerst rüden Ton angewöhnt. Wer beispielsweise an einer Straßenbahnhaltestelle eine Gruppe halbwüchsiger Sachsen beobachtet, wird erstaunt sein, mit wie wenig Worten die Kommunikation zwischen den Geschlechtern aufrechterhalten wird. Floskeln wie »Echt, ej«; »Geil« oder »Stoark« würzen in stereotyper Abfolge einen meist nur aus einzelnen Satzfetzen bestehenden Dialog. Die Fähigkeit, Gedanken in ganzen Sätzen auszudrücken, ist in dieser sächsischen Generation noch sehr entwicklungsbedürftig. Ein Cyrano de Bergerac mit seinem brillanten Geist und seiner scharfen Zunge hätte in dem heutigen Sachsen gewiß niemals einen Blumentopf erlangen können.

Ganz anders war dies in der ruhmreichen Vergangenheit Sachsens. Einem der geliebtgehaßten Paparazzo der heutigen Medienwelt ähnlich hat Carl Ludwig von Pöllnitz in seinem pikanten Werk *La saxe galante* vor allem die amourösen Abenteuer Augusts des Starken auf seiner Kavaliersreise durch Europa beschrieben. Um die Position der Klatschtante der Nation zu erlangen, mußte Pöllnitz List, Körper und Geld einsetzen, um die galanten Geheimnisse des sächsischen Hofes auszukundschaften. Immerhin kommt er zu dem Ergebnis: »Niemals sind in Deutschland Pracht und Galanterie in solchem Glanz aufgetreten wie in Sachsen... Friedrich August, später

August der Starke genannt, war galant, wohlgestalt und ständig verliebt... An keinem anderen Hof konnte man so vielen schönen Damen, so vielen gutaussehenden Männern begegnen. Es war, als hätte die Natur ein besonderes Vergnügen daran gefunden, alle Schönheit an die Damen und Herren dieses Hofes zu verschwenden. Die kurfürstlichen Prinzen übertrafen alle anderen ihresgleichen, und die Prinzessinnen waren die schönsten ihrer Zeit.«

Wie gesagt, dabei handelt es sich um ein Werk aus vergangener Zeit.

Wer nur auf ein kurzes Abenteuer aus ist und bereit ist, dafür eine klingende Münze springen zu lassen, der konnte damals ebenso wie heute in den Bereichen der käuflichen Liebe entweder bei halbwegs vorzeigbaren Kokotten oder den Damen auf der Straße Erfüllung finden.

Heutzutage gibt es in Sachsen natürlich nach wie vor noch einheimische Gunstgewerblerinnen. Betont sei absichtlich das Wort »noch«, da die polnische und tschechische Konkurrenz leicht erreichbar, preiswerter und risikobereiter ist. Wie dem auch sei, viele Damen gehen in Sachsen ihrem Gewerbe in einem Wohnwagen oder gar einem Wohnmobil nach. Wer glaubt, daß dies eine Errungenschaft der Neuzeit sei, irrt. Bereits zu Beginn dieses Jahrhunderts war den pfiffigen Sachsen bewußt, daß eine geschlossene Pferdekutsche für verschiedene Arten des Verkehrs geeignet ist. Pferdedroschkenbesitzer wußten um die Vorteile ihrer Karossen vor dem neu erbauten Leipziger Hauptbahnhof. Abends führten sie dann lediglich ihre Pferde in den Stall und überließen den gewissen Damen das Revier. Ein Service, der von den Herren damals gern, diskret und ohne großen Zeitaufwand genutzt werden konnte.

Empfindungsreich hat auch Joachim Ringelnatz die Eindrücke vom Umgang des Sachsen mit der Sächsin variiert:

Trennung von einer Sächsin

Ich kann dir alles verzeihn.
Aber du mußt mir die Freiheit lassen,
Mich nicht mehr mit dir zu befassen.
Sächsische Quengelein,
Auch wenn man ihrer nur träumt,
Sind etwas, womit man seine Zeit versäumt.

Du hast viel warmes Gemüt
Und lügst oft aus Höflichkeit.
Und auf diesem Boden blüht
Und gedeiht die Geschmacklosigkeit.

Ich weiß das genau. Denn ich bin
In Sachsen erwachsen. Das zu verschweigen
Oder deswegen mokant sich zu zeigen,
Hätte nicht – oder nur sächsischen Sinn.

Ich kann deiner Falschheit nicht trauen.
Geh jetzt zur Ruh!
Blondhaarig mit schwarzen Brauen,
So schönes Mädchen du!

Aussichten sind unendlich weit.
Aber Sächsisch in dieser Zeit,
Eins, neun, zwo, acht –
Gute Nacht.

Als sie dann traurig ging,
Ward mir so bang und kalt.
Gab ich ihr keinen Halt.
Armes Ding!

Sächsisches Essen & Trinken

Ein gewisser Johann Kaspar Riesbeck schrieb in seinen Briefen eines reisenden Franzosen in Deutschland: »Mit dem Essen und Trinken sieht es hier nicht so gut aus als in Süddeutschland. In diesem Punkt ist der Kontrast zwischen den Sachsen und den übrigen Deutschen, die ich bisher gesehn, so groß, daß man zu den Antipoden der letzteren gekommen zu sein glaubt. Die Brühen sind hier so dünne, man hat so oft kalte und immer so schmale Küche, daß ich glaube, ein Wiener könne es hier in einem mittelmäßigen Hause nicht vier Wochen aushalten. Ich hatte schon mehr als eine Gelegenheit, zu bemerken, daß auch in den vornehmen Häusern eine Kärglichkeit in Rücksicht auf Küche und Keller herrscht, die man in Österreich und Bayern für eine Entbehrung halten würde. Diese strenge Ökonomie erstreckt sich über alles, was zum inneren Hauswesen gehört, und ich habe noch keine andre Art von großem Luxus bemerken können als die Kleidungen, worin der Aufwand im ganzen noch größer sein mag als in Süddeutschland.«

In Sachsen gibt es bis zum heutigen Tag keinen Ort, den der Michelin-Führer, die Bibel des internationalen Gourmet-Tourismus, mit der zweithöchsten (»einen Umweg wert«) oder gar mit der höchsten Auszeichnung (»eine Reise wert«) empfehlen würde. In dem Land der Praktiker wird ganz unkompliziert gekocht und gegessen. Viel Aufhebens um das tägliche Futter zu machen, widerspricht dem sächsischen Hang zur Bescheidenheit. Tüfteleien scheinen eher in der Werkstatt und im Bastelkeller am Platze zu sein als in der Küche.

Grundnahrungsmittel

Voraussetzung für ein gelungenes Mahl sind in Sachsen vor allem große Fleischportionen. Ob Braten, Gulasch oder Schnitzel – viel möcht's in jedem Falle sein. Je nach Jahreszeit und Reifegrad im *Goarten* werden zum Fleisch Salat (gesprochen mit der sächsischen Betonung: »Sálad«) und die fast unvermeidlichen Kartoffeln gereicht. Großen Anklang haben nach der Wende die Fertigsaucen aus Tüten oder Würfeln der zwei oder drei bekannten namhaften Hersteller gefunden. Seitdem ist sogar das Geschmackserlebnis nicht mehr von Klassenunterschieden geprägt. Ob in der häuslichen Küche oder im *Restaurang*, (beziehungsweise in der Gaststätte): man kann sich immer auf die Zutaten aus der Würfelwürze verlassen. Andere Gewürze als Pfeffer und Salz sind der sächsischen Küche weitgehend unbekannt. Ausnahmen gibt es lediglich regional vereinzelt oder sogar nur auf Familienclans beschränkt, wo bestimmte Speisen zusätzlich mit Kümmel, Muskatnuß oder Paprika gewürzt werden; Kräuter aber, ob in getrocknetem oder frischem Zustand, werden kaum verwendet. Selbst auf großen Wochenmärkten gibt es nur vereinzelt glatte Petersilie, Salbei oder Borretsch. Dill beispielsweise ist hauptsächlich den sehr beliebten, teilweise auch heute noch selbst eingeweckten sauren Gurken, vorbehalten. Zur Gurkenzeit sind daher große Büschel zu haben, während des restlichen Jahres barmt der wenige, zum Verkauf angebotene Dill den Interessenten.

Fremdländische Einflüsse machen sich in der sächsischen Küche nur sehr zäh bemerkbar, und sofern Anregungen aus der internationalen Küche in sächsischen Kochtöpfen überhaupt umgesetzt wurden, ist der Ursprung in der Regel nicht mehr wiederzuerkennen. Italien hat den Sachsen vor langer, langer Zeit einmal den Weg zu Makkaroni mit Tomatensauce eröffnet. Ein Italiener würde heutzutage dieses Gericht auch unter Aufwendung all seiner Phantasie kaum wiedererkennen. Die Nudel ist zwar dieselbe geblieben, die Tomatensauce ist aber zu einem orange gefärbten, mit Fettaugen übersäten Mehlbrei geworden, der über grob gewürfelte Schinkenstücke gegossen wird. Immerhin ist dieses Gericht sehr beliebt, und wenn es überhaupt Nudeln gibt, dann in dieser Form.

Ein Nachkriegsimport aus dem ehemaligen sozialistischen Hauptbruderland ist die Solianka, die dunkelfarbige (rot bis braun), vor allem mit Paprika gewürzte Rindfleisch- und Gemüsesuppe mit Tendenz zum Eintopf. Auch einfachere Gerichte können durchaus wohlschmekkend sein, aber bei der Übertragung dieser Rezeptur aus dem Russischen haben sich da und dort wohl auch einige Übersetzungsfehler eingeschlichen.

Reis und Graupen hingegen kommen mit Rindfleischstücken und einigen, vornehmlich Wurzelgemüsen als Eintopf daher. Reis zeigt sich dann auch noch brav im Hühnerfrikassee-Kleid, so wie es der erstaunlich beliebte Lieferant von Tiefkühlkost, der mit lautem Gebimmel seine Waren in den Wohngebieten direkt aus dem Frostauto anbietet, ins Haus liefert.

Wahre Weltmeister sind die Sachsen dann aber bei den Kartoffeln. Hier darf man sich natürlich nicht vorstellen, daß die gesamte Variationsbreite der Kartoffel ausgeschöpft wird. Salzkartoffel, Salzkartoffel über alles... (besser sollte es heißen: zu allem). Bereits die Bratkartoffel, eher als Röster bekannt, wird von der Hausfrau wegen des Herstellungsaufwandes gemieden. Pommes frites liefern die Fast-food-Ketten in ausreichendem Maße für die Jugend, die älteren Sachsen kommen allenfalls in der Gaststätte in ihren Genuß, sofern sie nicht daran denken, Salzkartoffeln zu ordern. Eine thüringische Spezialität, die aber in Sachsen ebenso gerne gegessen wird, sind die grünen Klöße. Aus roh geriebenen Kartoffeln hergestellt, erhalten sie beim Ziehenlassen im heißen Wasser eine leicht graugrüne Farbe. Dies kann vermieden werden, wenn die Hausfrau einen Schwefelfaden, den es extra zu diesem Zweck zu kaufen gibt, abbrennt und ihn dann in das Kochwasser hängt. Die Klöße behalten dann ihre weißgelbliche Kartoffelfarbe. Dieser Aufwand wird meist nur noch von älteren Hausfrauen betrieben. In der jungen sächsischen Küche hat das Schlankheitsbewußtsein dererlei Rezepte ganz und gar vertrieben.

Schließlich darf der Knödel nicht vergessen werden. Diese natürlich nicht nur in Sachsen, sondern auch in ganz Mittel- und Osteuropa verbreitete Spezialität, fungiert als durstiger Hefeschwamm für die oben bereits erwähnten Saucen. Im Dampf erwärmt – meist wird er nämlich als fertige Teigstange gekauft – und mit einem Faden geschnitten, trägt er gewiß mit seiner kloßigen Teigigkeit weder zur optischen Bereicherung der Tafel, noch zur geschmacklichen Aufwertung einer Mahlzeit bei, da er absolut nach überhaupt nichts schmeckt. Als »Sättschungsbeiloche« (Sättigungsbeilage) – und wohl zu keinem anderen Zweck werden auch in den Zeiten des Überflusses und des theoretisch breiten Angebots noch immer Kohlgemüse in Hülle und Fülle gereicht. Rotkraut oder Sauerkraut – mit reichlich Fett bis fast zur breiigen Unkenntlichkeit zerkocht, hin und wieder Rosenkohl (wenn er nicht tiefgefroren war, macht die Herstellung zu viel *Oarbeit*), kaum Wirsing, vereinzelt Blumenkohl oder neuerdings auch Brokkoli.

Schwarzwurzeln, Karotten oder Sellerie führen ein Dasein am Rande der Beliebtheit.

Ganz anders verhält es sich da mit Pilzen. Sachsen lieben Pilze über alles. In der goldenen Herbsteszeit geht's ab in die Pilze. Ganze Familien schwärmen in ihre seit Generationen geheimgehaltenen Pilzgründe aus. Steinpilze und Konsorten werden körbeweise mit großer Sachkenntnis gesammelt, getrocknet, sauer eingelegt oder sofort frisch verarbeitet und verzehrt. Insoweit ist Sachsen ein wahres Pilzdorado. Wer aber nicht das Glück hat, mit einer sächsischen Familie auf gutem Fuß zu stehen, wird von diesen hausgemachten Köstlichkeiten nichts mitbekommen, da die Restaurants diese jahreszeitliche Besonderheit eher anspruchslos allenfalls in

Kombination mit Wildgerichten oder mit einem Semmelknödel anbieten.

Liebe geht durch den Magen
Eine sächsische Spezialität sind die sauren Eier, die besonders bei der Damenwelt großen Anklang finden. Hartgekochte Eier mit einer gesäuerten Senfsauce sollen die Sächsinnen besonders für Zärtlichkeiten empfänglich werden lassen. Revanchieren kann sich die Sächsin bei ihrem Scheeks, indem sie ihm als Dank für die sauren Eier echtes Leipziger Allerlei vorsetzt. Wer jetzt an die Gemüsemischung aus der Tiefkühltruhe denkt, ist völlig auf dem Holzweg. Leipziger Allerlei ist in seiner feinsten Version eine Mischung aus Morcheln, Spargel, Blumenkohl, Kohlrabi, Möhren und Pulerbsen. Eine reichliche Mehlschwitze, pikant abgeschmeckt, und gekochte Krebse sorgen für einen ungetrübten Genuß. Dies wird traditionell pur als Zwischengericht zwischen der Suppe und dem Fleischgericht serviert.

Weihnachtsstolle
Bereits die Rechtschreibung beziehungsweise der grammatikalische Umgang mit diesem Wort scheidet den echten Sachsen von allen anderen Menschen. Der Stollen ist bekanntlich der von den Schächten abzweigende Weg durch die Erde, um Bodenschätze zu bergen.

Die Stolle oder der Strietzel ist das bekannte,

hauptsächlich mit Dresden in Verbindung gebrachte Hefegebäck, das ursprünglich als Fastenbrot lediglich aus Hefe, Mehl und Wasser hergestellt wurde. Dieses Gebäck durfte nur an bestimmten von den jeweiligen Bischöfen festgelegten Tagen verkauft werden. Die Form der Stolle sollte an die Windel des Jesuskindes erinnern. Nun mag man sich gewiß nicht vorstellen, was Mandeln und Rosinen in diesem Bild verkörpern sollen. Diese Zutaten sind aber erst Jahrhunderte später, vor etwa fünfhundert Jahren, als sich der kirchliche Einfluß eher vergeistigte, nach und nach zusammen mit kandierter Orangen- und Zitronenschale sowie den regional unterschiedlichen Gewürzen und vor allem Fett in das Fastengebäck eingemogelt worden. So konnte sich zwar aus einer kargen Speise ein Leckerbissen entwickeln, in der Folge wurde aber eine Diät nach dem ausgiebigen Genuß von Stolle in der Weihnachtszeit unumgänglich.

Echte Stollebäcker messen auch heute noch das Mehl nicht in Kilogramm, sondern in Metzen, die jeweils etwa acht Pfund entsprechen, wie sie zur Zubereitung mehrerer Stolle benötigt werden. Die Stolle soll am besten in den »Unternächten«, den zwölf heiligen Nächten zwischen dem 24. Dezember und dem 6. Januar schmecken. In diesen Nächten entscheidet sich das Leben der zwölf folgenden Monate. Träume – natürlich nicht nur von der idealen Stolle – in diesen Nächten sollen tatsächlich in Erfüllung gehen.

Dresdner Christstolle waren bereits im letzten Jahrhundert in der ganzen Welt beliebt. Noch vor Erfindung der Konservendose ließ sich der Inhaber des heute noch und in Dresden wieder existierenden Cafés Kreutzkamm etwas einfallen, um seinen Exportschlager unbeschadet nach Übersee verschicken zu können. Er beauftragte einen Klempnermeister, der einen Blechbehälter zusammenlötete, um die süße Fracht, noch einmal in einer kleinen Holzkiste verpackt, auf die große Reise schicken zu können. Die damalige Reisedauer reichte vollkommen aus, um das Gebäck richtig durchziehen zu lassen.

Juristisch gesehen darf in den neuen Bundesländern nur die in und um Dresden gebackene Christstolle »Dresdner Stollen« genannt werden. In den Altbundesländern ist dies – ziemlich uneinheitlich – jedem Bäcker gestattet.

Da es den Sachsen in der Vergangenheit und auch heutzutage oftmals nicht aufwendig genug zugehen kann, werden in Sachsen immer wieder rekordverdächtige Leistungen vollbracht. Die größte Stolle der Backgeschichte wurde anläßlich des »Zeithainer Lustlagers« im Jahre 1730 in der Nähe von Riesa unter – wer konnte es anderes sein? – dem sächsischen Muskelprotz August dem Starken, angeschnitten. Zur Herstellung dieses Riesenstrietzels wurden drei Tonnen Milch, eine Tonne Butter sowie dreitausend Eier verarbeitet. Da der Augusteischen Küche Kühlhäuser in der uns bekannten Form nicht zur Verfügung standen, kann man sich eine Vorstellung davon machen, aus welchem Umkreis die einzelnen frischen Zutaten zusammengesammelt werden mußten, um gleichzeitig einigermaßen frisch in der Hofküche verarbeitet zu werden, eine logistische Meisterleistung, die ganz offensichtlich auch ohne die heute als so unverzichtbar angesehenen Computer erbracht werden konnte. Diese Stolle war dann immerhin 7,90 Meter lang und 3,40 Meter breit, bei einer bescheidenen Höhe von 30 Zentimetern. Um diesem Rekord noch einen zweiten aufzusetzen, mußte selbstverständlich für diese Stolle ein entsprechendes Stollenmesser hergestellt werden. Dieses Schneidwerkzeug hatte die beachtliche Länge von 1,70 Meter. Ein zum Stolleschneiden abgestellter Zimmermann konnte dieses Ungetüm nur transportieren, wenn er es mit dem Heft auf seine Schulter legte. Ob der oben bereits zitierte Johann Jakob Riesbeck mit dieser Meisterleistung zufrieden und mit der sächsischen Küche wieder einigermaßen versöhnt worden wäre, bleibt dahingestellt.

So speist der Landtag

Sein generell schlechtes Urteil über die sächsische Küche hätte Riesbeck allerdings wohl relativieren müssen, wenn er etwas über die Verpflegung des sächsischen Landtages gewußt hätte.

Im Jahre 1628 ließ der sächsische Kurfürst Johann Georg I. 840 Kälber, 625 Rinder, 192 Schweine, 565 Lämmer und 73 Spanferkel nach Torgau bringen. Die Stadt Leipzig und vor allem 22 über das ganze Land verteilte kurfürstliche Ämter hatten dieses Schlachtvieh zu liefern. Darüber hinaus wurde noch Federvieh, 197 Fässer »grünes« und »dörres« Fischwerk sowie Gemüse, Milchprodukte, Gewürze, Konfekt und Kandiertes in großen Mengen nach Torgau geschafft. Bei den regelmäßigen Landtagen war es die Pflicht des Fürsten, seine Vasallen und die Vertreter der Städte zu beköstigen. Neben den

Mitgliedern des Landtages reiste der Fürst in Begleitung des Hofstaates, was die erlesene Gesellschaft noch einmal um 300 Personen bereicherte. Es ist überliefert, daß am 17. Februar 1628 von der Versammlung zu ihren Mahlzeiten auf Kosten des Kurfürsten 7 Eimer Wein und 38 Eimer Torgauisches Bier konsumiert wurden. Zu besonderen Anlässen reichte man dann noch – vor allem höherrangigen Gästen – Freiberger Bier und rheinischen Wein.

Als seit dem Jahr 1631 alle Tagungen der Ständeversammlung nach Dresden verlagert wurden, wurden strengere Sitten eingeführt. Die Speisung der Stände »könne nicht mehr zu Hoff geschehen«. Deshalb sollten diejenigen Bürger, die einen Parlamentarier, gegebenenfalls samt seinem Gefolge, beherbergten, ihre Gäste »mit notdürftigem Eßen und Trinken« versorgen. Die Dresdner Bürger mußten von nun an selbst Sorge tragen, sich rechtzeitig mit »Viktualien auch Hafer und Rauhfutter (Stroh, Spreu, Heu) einzudecken«. Die Dresdner sollten die Landstände gegen Bezahlung unterbringen und verpflegen. Da der Kurfürst seine adligen Vasallen und die Abgesandten der Städte und Universitäten nicht mehr selbst verköstigte, zahlte er nun nämlich – ähnlich dem heutigen Sächsischen Reisekostengesetz – eine finanzielle Vergütung, die nach dem Rang auf dem Landtag, Anreisestrecke und notwendigen Übernachtungen berechnet wurde. (Auch hier zeigt sich wieder: Es ist alles schon einmal dagewesen).

Diese strengen Sitten wurden dann bis gegen Ende der Monarchie in Sachsen wieder etwas aufgeweicht. Der König bat das gesamte sächsische Parlament ins

Schloß zu Tisch. Am 9. November 1911 wurde folgende Speisefolge bekanntgegeben: Als Entree wurde eine Klare Suppe Germinal serviert. Fünf weitere Gänge bestanden aus Rheinlachsschnitte, Rehrücken auf Jägerart, Moscoviter Gänselebergericht, Junge Truten, Salat, Früchte und Artischocken mit Edelpilzen. Als Weine wurden dazu Schwarzberger mousseux, Rüdesheimer Schloßberg 1868, Château Cheval 1899, Champagner Roederer, Cap. Constantia gereicht. Diese Speisefolge wurde durch eine Savarin Batavia und den traditionellen Abschluß mit Käse und Butter gekrönt.

Heutzutage lädt der Präsident des Landtags nach der ersten Sitzung in einer Legislaturperiode alle Abgeordneten zu einem Imbiß in die Lobby des Plenarsaales. Dieses Essen folgt keinem Zeremoniell und erfüllt keine repräsentativen Zwecke. Es soll den Parlamentariern lediglich Gelegenheit geben, sich gegenseitig kennenzulernen. Vielleicht liegt es am Fehlen einer gemütlichen Atmosphäre, daß die Resultate parlamentarischer Arbeit heute in vielen Fällen so wenig ausgewogen erscheinen. Vielleicht sollte der Landtag über die Sinnhaftigkeit dieser Einsparung an der falschen Stelle nachdenken.

Sächsische Naschereien

Den Sachsen wird stets nachgesagt, sie seien Süßmäuler.

Neben der bereits erwähnten Stolle findet man in beinahe jedem Backwarengeschäft die Eierschecke. Auf einem Hefeteig wird eine Füllung aus Quark, Vanille, Zucker, Eiern und Zitrone aufgebracht, die von der eigentlichen Eierschecke gekrönt wird. Sie wird aus Milch, zahlreichen Eiern, Butter und Zucker mit dem Fixmix (Handrührgerät) hergestellt. Dieser Dreischichtenkuchen wird dann auf dem Blech gebacken und läßt – frisch verzehrt – seine Liebhaber vor Genuß dahinschmelzen. Meist fehlt allerdings eine für diesen Hochgenuß unverzichtbare, nicht rezeptpflichtige Zutat: die liebevolle Zubereitung.

Nicht aus sächsischer Baumrinde, sondern aus allerfeinsten Zutaten wird die in Sachsen im 16. Jahrhundert zu Krönungszwecken erfundene Krönung der Konditorkunst hergestellt, der Spieß- oder Baumkuchen. Die Zubereitung dieses »Königs der Kuchen«, der über einem sich drehenden Spieß mit immer neuen Lagen verschiedener Teige beschichtet wird, ist so kompliziert, daß sie ohne ein Mindestmaß an feinfühliger Hinwendung gar nicht gelingen kann. Dementsprechende Preise. Zum alltäglichen Genuß etwas teuer.

Der Klexelkuchen hingegen ist da schon erschwinglicher. Auf einen Hefeteig werden abwechselnd Streusel, Mohnmasse und Äpfel geklexelt, so daß ein buntes Bild entsteht.

Je nach Jahreszeit sind natürlich auch die Hefe-Obst-Kuchen sehr beliebt. Statt dem Obst eine Chance zur Entfaltung seines Aromas zu geben, werden diese Kuchen stets mit einer dicken harten Kruste aus Streuseln überladen.

Die Leipziger Lerchen sind nicht geeignet, den Liebhaber raffinierter Konditorenkunst zu erfreuen. Auf einen

Knetteig werden Aprikosenmarmelade und reichllich Marzipan verteilt und gebacken. Dies ist reichlich süß – kaum mehr.

Internationale Anerkennung ist neben der Stolle wohl am ehesten den berüchtigt berühmten »Gwoaggeulschen« zuteil geworden. Diese hauptsächlich aus Quark hergestellten, in Fett ausgebackenen süßen Finger werden traditionell mit Zucker und Zimt bestreut, die Edelversion läßt die Beigabe der verschiedensten süßen Saucen zu, was aber den zarten, sehr zu suchenden Eigengeschmack beinahe umbringt.

Kantinenessen

In Kantinen legt man nach wie vor großen Wert auf Einheitlichkeit. Wenn die alten, inzwischen durchgemischten und neu geordneten Arbeitskollektive zum Tresen schreiten, wird es noch immer gern gesehen, wenn alle Mitglieder der Arbeitsbrigade dasselbe Mittagessen aussuchen. Wer sich diesem Gruppenzwang entzieht, hat unter Umständen viele Fragen zu beantworten und wird mitunter dafür verantwortlich gemacht, daß einzelne Kollegen während des Essens ihre Wahl bereuen müssen.

Während der Schulferien ist es ein gängiges Bild, daß verschüchterte Kinder und Jugendliche ihren Eltern zu einer fest verabredeten Zeit brav in die Kantine folgen, um ihr tägliches warmes Essen dort einnehmen zu können. Eltern sind es ihren Nachkömmlingen in jedem Fall schuldig, wenigstens einmal am Tag für ein warmes Essen zu sorgen – und sei es das fetthaltige, weichgekochte Kantineneinerlei mit den phantasievollen Namen aus der Nouvelle cuisine. Jägerbraten an Preiselbeersauce im Reisrand mit jungen Möhrchen »Pariser Art« – hinter dieser klangvollen Bezeichnung verbirgt sich eine Scheibe Hackbraten, mit einem Klacks eingemachter Preiselbeeren, einer Kelle Reis und weichgekochten, in Butterersatz geschwenkten Dosenkarotten. Trotzdem ist mit dieser Speise das Gewissen der besorgten Mütter hinsichtlich der gesunden Ernährung ihrer Sprößlinge beruhigt.

Eine Initiative, die einmal von sächsischen Kommunen aufgegriffen wurde, um ihre Ausgaben wirklich nur auf die Pflichtaufgaben zu beschränken, scheiterte Mitte der neunziger Jahre, als die heilige Kuh des subventionierten Schulessens zur Schlachtbank geführt werden sollte. Selbst die ansonsten gutwilligsten und kompromißbereitesten Mitarbeiterinnen gerieten so sehr in Rage, daß sie ihren Vorgesetzten die Kündigung für den Fall der Einstellung der Essensversorgung in den Schulen vor die Füße zu knallen drohten.

Auswärts essen

Die Einfallslosigkeit im Kantinenessen setzt sich auch in der sächsischen Restaurantszene sowohl bei den Wirten wie auch bei den Gästen fort. Noch immer bevorzugen sächsische Männer im Restaurant ein Schnitzel, sei es in der Wiener-, Jäger- oder Paprikavariante. Neuerungen wie Bratkartoffeln oder Pommes frites haben gegen die gute alte Salzkartoffel so gut wie keine Chance. Gemüse oder *Sálad* erfahren bei den Herren der Schöpfung nur geringe Beachtung. Der Schnitzelvorliebe wird nicht nur in einheimischen Lokalitäten gefrönt, nein, auch dem Italiener oder Chinesen wird eine entsprechende Speisekarte abverlangt. Während sich die Sächsin schon einmal an so exotische Spezialitäten wie Hühnchen mit Paprika und Zwiebeln mit Reis herantraut, läßt sie dann doch lieber die Finger von Tintenfischköpfchen oder Garnelen im Panzer.

Die Verschlossenheit gegenüber fremden Essenseinflüssen ist nicht einheitlich sächsisch. Die Erfolge der transatlantischen Fast-food-Ketten in Sachsen geben Anlaß, die junge Generation ob ihrer Flexibilität in diesem Zusammenhang hervorzuheben. Glücklicherweise sind die Bestellungen in diesen neonerleuchteten Gourmettempeln auch ohne ausgefeilte Fremdsprachenkenntnisse von der sächsischen Zunge wesentlich leichter abzugeben als beispielsweise der Kauf einer Kinokarte etwa für den Film »Brätaporter« *(Prêt-à-Porter)*. Einige Neusachsen und bereits arrivierte Ureinwohner geben sich inzwischen immer öfter ein Stelldichein bei den sich zögerlich ausbreitenden Feinschmeckerlokalen. Dieser Typ Sachse hat in den letzten sieben Jahren gelernt, sich aus der polyesterverwickelten Raupe in einen gernegroßen, seidenverhüllten Schmetterling mit dem Potential, eventuell noch Format erlangen zu können, entwickelt. Mit einem großen, dunkel lackierten Auto vor einem Restaurant vorzufahren, macht aus einem Kind der Arbeiterklasse noch keinen Grandseigneur, besonders, wenn er die Bedienung mit der Anrede: »Fräulein!« um einen Gefallen bittet.

Sachsen zu beobachten, wenn sie auswärts essen, kann zu einem wahren Vergnügen werden, vorausgesetzt, man ist selbst satt. Durch die Erziehung in staatlichen Verwahranstalten ist manchen Sachsen einiges von der früheren höfischen Geziertheit abhanden gekommen. Es ist heutzutage auch wirklich nicht mehr nachzuvollziehen, weshalb beim Essen beide Hände oberhalb der Tischplatte ihren Platz haben. Bei Generationen, die lange Jahre den Mangel an verschiedenen Lebensmittelgattungen erleiden mußten, ist es verständlich, daß auch noch die letzten Tropfen der Soljanka auf den Löffel getropft werden, damit auch garantiert nichts umkommt. Wegen der Kürze der Mittagspausen ist es auch noch nachvollziehbar, daß das Essen mit offenem Mund zerkleinert wird, damit es schneller abkühlt und nicht zu inneren Verbrennungen führt.

Absolut unverständlich ist aber, weshalb es in Sachsen im Laufe der Jahre trotz der gerade überstandenen schlechten Versorgungslage immer moderner geworden ist, halb geleerte Teller wieder zurückgehen zu lassen. Für die Sparsamkeit beim Verzehr der Soljanka kann man jede Art von Verständnis aufbringen, daß aber von Menschen, die die Nachteile eines reduzierten Speisezettels kennengelernt haben, diese Art von Verschwendung betrieben wird, ist das ultimative sächsische Rätsel.

Sächsischer Humor

Wer sich nicht selbst zum besten halten kann, der ist gewiß nicht von den Besten. Dieser Leitspruch verleiht dem sächsischen Humor eine merkwürdige Mischung aus Selbstironie, Burleske und einer großen Portion Schadenfreude.

Ein Sachse hatte kurz nach dem Mauerbau sämtliche Sperren an der Grenze durchbrochen und sich in die Westzone gerettet. Im Rahmen des unvermeidlichen Notaufnahmeverfahrens wurde der Sachse nach der Gefahr befragt, in der er in der DDR schwebte.
»Nu, was soll man da schon sachen…«
»Sie müssen doch einen Grund für ihre Flucht gehabt haben!«
»Nu ja, wissensse, der eichentliche Grund is där, also ich gonnde diesen Dialegt nich mehr heern.«

Aber auch in Sachsen gehören die unfreiwilligen Scherze zu den besten.

Der Direktor einer namhaften Zigarettenfabrik in Dresden in den zwanziger Jahren hieß Georg Zietz. Da es zu jenen Zeiten noch üblich war, daß Telefonate nicht über die Vorzimmerdame gingen, meldete sich der Direktor an seinem Apparat stets persönlich mit den Worten: »Hier Zietz!« Wie nicht anders zu erwarten, ließen sich viele Anrufer zu der Bemerkung hinreißen, daß der arme Direktor doch das Fenster schließen möge, um dem Zug zu entgehen.

Als Herrn Zietz diese Scherze zu bunt wurden, soll er sich nur noch mit folgenden Worten am Telefon gemeldet haben: »Das Fenster ist zu.« Damit nahm er allen Witzbolden den Wind aus den Segeln.

Aber auch die typisch sächsischen Eigenarten wie Sturheit und Rachsucht sind die Würze mancher immer wieder abgewandelter Scherze. Auch der berühmte Zirkusdirektor Sarrasani hat einmal klein angefangen – als Dressurclown mit einer Rattennummer. Die Tiere waren aufgrund besonderer Züchtung am Kopf schwarz und am Körper weiß. Bei einer Aufführung im Salzburgischen wurde es den Tierchen zu bunt, und sie beschlossen eine Massenflucht. Natürlich wurde die Rattennummer sofort polizeilich verboten. Sarrasani glaubte, sich dies nicht einfach gefallen lassen zu müssen. Die ihm noch verbliebenen Ratten setzte er auf dem Malzboden einer Brauerei aus, dem die gelehrigen Tiere tüchtigen Schaden zufügten. Der schlaue Sachse hatte aber nicht bedacht, daß die Herkunft der Tiere aufgrund ihrer genetischen Besonderheit leicht zurückverfolgt werden konnte. Dem Ersatz des entstandenen Schadens konnte er nun nicht mehr entgehen.

Sächsische Feier- & Festtage

In Sachsen feiert man gern. Gleich aus welchem Anlaß ist man gerne bereit, die Bierdosen, Bierflaschen – oder wenn's noch ein bißchen mehr sein darf – das Bierfäßchen aufzutischen. Die allseits beliebten Knacker-Würstchen aus der Dose oder dem Glas werden in jedem Haushalt für derartige Anlässe bereitgehalten, so daß nur noch ein Kartoffelsalat zur Komplettierung der leiblichen Genüsse hergestellt werden muß. Bei einer Vielzahl von Gästen erweist sich die Wachstuchdecke als unerhört praktisch. Dieserart gerüstet werden nun Festlichkeiten unterschiedlichster Art begangen.

Familienfeste

Geburtstage rangieren auf dem obersten Platz der Festeskala. Selbst in Städten ist es unüblich, zum Geburtstag einzuladen: Wer möchte, erscheint am Ehrentag von selbst und bleibt so lange es ihm gefällt, sofern es keine ausdrückliche anderweitige Verabredung im Bekannten- oder Freundeskreis auf den nachfolgenden Samstag gibt. Nach wie vor werden zu diesem Anlaß auch nach der Wende die unverwüstlichen Nelken – möglichst in vielen bunten Farben zu einem mit Plast umhüllten Strauß zusammengebunden verschenkt.

Außer den Geburtstagen, bei denen es eher leger zugeht, gibt es selbstverständlich noch die etwas formelleren Verlobungen, Hochzeiten, Jubiläen und Kindtaufen (sofern letzterem Brauch überhaupt noch gehuldigt wird).

Zu diesem Kreis der Privatfeste gehören noch zwei weitere Festivitäten, die in den alten Bundesländern weitgehend unbekannt sind, aber in Ostdeutschland und somit auch in Sachsen einen herausragenden Rang einnehmen: die Schuleinführung und die Jugendweihe.

Zur Schuleinführung wird alles aufgeboten, was gut und teuer ist. Traumhafte Prinzessinnenkleidchen und Minigesellschaftsanzügelchen für die Schulanfänger, für die Sippe das beste, was Kleider- und Schuhschränke zu bieten haben. Unablässig surren die Videokameras und klicken die Fotoapparate, wenn die zukünftigen Erstkläßler in Begleitung ihrer Angehörigen bereits im Klassenverband erstmalig zur Schule und kurz darauf wieder nach Hause oder in eine Gaststätte gehen. Zwei bis drei Zuckertüten sind da keine Seltenheit. Ist ja auch logisch – welche Großeltern, Eltern oder sonstige Verwandten möchten hinter der familiären Konkurrenz zurückstehen? Aber auch Sach- oder Geldgeschenke von nicht unerheblichem Wert versüßen den ahnungslosen Sechsjährigen den ersten Tag einer jugendverderbenden Bürde.

Dann wird das süße Knuddelchen – inzwischen dann nicht mehr ganz so knuddelig und auch nicht mehr so leicht gemäß der elternstolzen Vorstellung von Adrettheit herauszuputzen – noch einmal Mittelpunkt des familiären Interesses: bei der nach wie vor beliebten Jugendweihe. Durch sie sollte dem jungen Menschen seine Verantwortung und seine Aufnahme in die Welt des real existierenden Sozialismus – o pardon!: die Welt der demokratisch lebenden und handelnden Erwachsenen deutlich gemacht werden. Meist werden die Jungmänner und Jungfrauen schulklassenweise auf dieses besondere Ereignis vorbereitet. In den größten Sälen, derer die Veranstalter habhaft werden können, werden dann ganze Scharen – bestehend aus den Jugendlichen selbst, ihren Freunden und Verwandten – zusammengetrieben. Ein Redner verliert ein paar mehr oder minder wohlgesetzte Worte über das Leben und so... Im Anschluß gibt es dann neben festlichen Gelagen Geschenke satt. Wer nur in irgendeiner Weise dazu in der Lage ist, läßt den Rubel rollen. Geld, Geld und nochmals Geld – so lautet heute die Devise. Großeltern sind geradezu schlecht beraten, wenn sie mit der obligatorischen Armbanduhr oder einem kleinen Konversationslexikon dankbare Blicke hervorrufen möchten. Sachgeschenke sind nur erwünscht, wenn vorher mit dem zu Weihenden genauestens Hersteller, Farbe oder Größe abgestimmt wurden. Der Überraschungseffekt bei dieser Art von geschenkweisem Geben und Nehmen natürlich perdu.

Weihnachten (& Ostern)

Gerade in Sachsen sind die beiden allerchristlichsten Feste zu einer langgehegten Tradition geworden. Die erzgebirgischen Schnitzereien und Scherenschnitte, die Weihnachtsbäckerei, traditionelle Weihnachts- und Ostermärkte, das sorbische Osterfest mit seinen prächtigen Trachten und Musikumzügen – dies alles konnte in den Zeiten des wahren und realen Sozialismus doch nicht ganz aus der Volkesseele verdrängt werden. Die Versuche, in den siebziger Jahren den Begriff Weihnachten aus dem täglichen Sprachgebrauch zu verbannen, waren zu kläglichem Scheitern verurteilt. Die »Jahresendflügelfigur« sollte den Weihnachtsengel substituieren, wenn schon der Weihnachtsengel selbst nicht von den Fensterbänken und Christbaumspitzen zu verdrängen war. Das »Figurenkarussell« sollte die erzgebirgische Weihnachtspyramide aus den Köpfen verjagen. Außer bei einigen wenigen »Hundertprozentigen« hat diese Sprachmanipulation im Gedächtnis der Sachsen keinen bleibenden Abdruck hinterlassen. Allenfalls regen sich die Sachsen unter der Rubrik: »Quatsch, quätscher, am quätschesten« heute noch darüber auf, in welchen Verstiegenheiten sich das atheistische Regime verrannte.

Weihnachten war zu DDR-Zeiten in Sachsen noch immer ein Fest, in dem die häusliche Gemütlichkeit groß geschrieben wurde. Monate im voraus wurden Backzutaten gehamstert. Besonders in den berühmten Stollegebieten war es sehr schwierig, Mandeln, Zitronat und Orangeat aufzutreiben, da diese seltenen Rohstoffe komplett für die Stollelieferungen in den Westen gebraucht wurden, um die Backwerke gegen Devisen einzutauschen. Da der Sachse aber ein erfinderischer Tüftler ist, ließ er sich sein Stollevergnügen nicht durch den

Mangel verderben. Statt der kandierten Leckereien stellte man aus unreifen Tomaten Zitronatersatz her, was manchem in der Erinnerung heute noch besser schmeckt als die nachwendlichen Weihnachtsstollen, denen es zumindest an den richtigen Zutaten nicht mehr fehlen dürfte. Ihnen gebricht es aber wohl am Charakter und an dem Gefühl, trotz widriger Umstände dennoch etwas selten Schönes geschaffen zu haben.

Besonders beliebt sind in Sachsen in der Vorweihnachtszeit die Räuchermännel. In Seiffen, der Hochburg der Weihnachtsdrechslerei, findet man in einer meist bilderbuchromantisch verschneiten Postkartenlandschaft in den sich wie Perlen an der Dorfstraße aufreihenden Schnitzereiläden eine erstaunliche Vielfalt an Räucherwerk und anderen Räucherutensilien. Die Räuchermännel – seit Generationen von Jahr zu Jahr immer mehr verfeinert und immer origineller gestaltet, umfassen neben dem obligatorischen Pfeifenraucher mit den typischen aufgerissenen Augen und dem töricht offenstehenden Mund nun auch feinere Nuancen von der Köchin, die stolz dem Betrachter ihren dampfenden Kochtopf entgegenhält, bis zu dem derben Spaß über einen alten Mann, der die Hosen heruntergelassen hat und auf einem altertümlichen Plumpsklo hockt. Neben den Räuchermänneln und -weibeln, den Weihnachtspyramiden, den zahllosen Engelwolken mit den ewig gleichen rundköpfigen Engelein, die sich nur anhand der Anzahl und Farbe der Punkte auf ihren Flügeln als echte ... Engel erweisen und auch nur zu entsprechenden Preisen angeboten werden, den detailreich aus Holz gearbeiteten Silhouetten fällt das Augenmerk immer wieder auf die große

Anzahl der inzwischen zumeist elektrisch illuminierten Schwibbögen. Aus Sperrholz sind unter einem alles umfassenden Bogen entweder biblische Weihnachtsthemen dargestellt oder Szenen aus dem Leben der Bergleute, die sich traditionellerweise mit dererlei Schnitzereien seit altersher ein Zubrot verdienten. Solche gut ausgeführten Schwibbögen beeindrucken durch die Klarheit der dargestellten Szenen und Figuren aber zugleich auch durch die Strenge der Darstellung. Diesen Holzarbeiten wohnt nichts Liebliches inne, sie sind von der Kargheit des erzgebirglichen Lebens geprägt, von dem aber auch eine sonst in und bei Sachsen kaum wiederzufindende Würde und Ernsthaftigkeit ausgeht.

Rummelbummel

Ansonsten lieben es die Sachsen, sich auf dem Rummel zu vergnügen. Außer dem Weihnachtsmarkt werden im Laufe der etwas wärmeren Jahreszeit so viele Jahrmärkte abgehalten, daß die entsprechenden Festwiesen nur wenige Tage frei bleiben, bis die nächste Belustigung aufgebaut wird. Dann donnern zur Freude der Nachbarn wieder die frisierten Ford Fiestas mit den Baseball-Cap behüteten Jungmännern und ihren blondierten Kirschen herbei, um sich den bierseligen Schleuderalpträumen hinzugeben. Um die Nachbarschaft aber nicht allzusehr zu verärgern, schließen die Rummelplätze bemerkenswert früh. Deshalb ist es auch nicht weiter erstaunlich, daß die vergnügungssüchtigen Massen sich unter Umständen bereits im Laufe des Vormittags einfinden, um eine Bratwurst zu verzehren, ein als nützlich angepriesenes, in Wahrheit aber überflüssiges Haushaltsgerät zu erwerben oder gar zur eigenen Zier einen mit Lochmuster gestrickten Kunststoffpullover zu erstehen.

Feten unter freiem Himmel

Ob es dem Wettergott gefällt oder nicht, der wackere Sachse läßt sich durch ein wenig Regen keineswegs abschrecken, im Garten ein Grillfest zu veranstalten. Nachbarn, Freunde, Kollegen oder Verwandte finden sich ein, sprechen viel, sprechen dem Alkohol kräftig zu, entsprechend ist dann auch der Ausgang mancher hoffnungsvoll begonnenen Grillparty. Auch wagt der Sachse gerne mal ein Tänzchen. Ohne viele Umstände werden in der Laube die Tische zur Seite gerückt und man entschwebt zu den zarten Klängen der erzgebirgischen, vogtländischen oder sonst-'ischen Volksblasmusik in den sächsischen Romantikhimmel. Diese Erlebnisse sorgen noch Tage nach dem Fest für Gesprächsstoff. Erstaunlicherweise sind die sonst eher hölzern wirkenden sächsischen Männer genauso begeistert auf dem Tanzboden zu finden wie ihre tanzvernarrten Frauen oder Freundinnen.

Büßen & Beten in Sachsen

Anläßlich der Suche nach einer erträglichen (und wie man mittlerweile weiß: einträglichen) Lösung zur Finanzierung der Pflegeversicherung wurde dieser früher bundesweit einzige protestantische Feiertag in allen anderen Bundesländern außer in Sachsen abgeschafft. Mehr als einen anschaulichen Beweis dafür, daß staatliche Lenker und Leiter anscheinend alles mögliche durchsetzen können, was ihnen wichtig erscheint, ohne darauf Rücksicht nehmen zu müssen, ob ihre Maßnahmen von der Bevölkerung getragen werden, ist dabei nicht herausgekommen. Die Sachsen zahlen »als Ausgleich« zwölf Monate im Jahr das Doppelte von dem in die Pflegeversicherung, was die Restdeutschen dafür zu berappen haben, und den Versicherungsträgern werden bei der anschließenden Umverteilung schier unlösbare Probleme aufgelastet. Natürlich freut sich jeder Sachse über einen zusätzlichen freien Tag im November, wobei es ihm »schnuppe« ist, daß es sich hierbei um einen der höchsten evangelischen Feiertage handelt.

Berühmte Sächsinnen & Sachsen

Sächsische Herrscher

Die politisch führenden Köpfe Sachsens sind unter den Bezeichnungen Herzog, Kurfürst, König, Parteigenosse oder Ministerpräsident in die Geschichte eingegangen oder sind gerade dabei, dies zu tun.

Widukind, beispielsweise, gab den Sachsen ihren Namen, der sich von seiner Lieblingswaffe, dem sahs (Steinmesser, Schwert) ableitet, ihre bisweilen zutage tretende revolutionäre Gesinnung, aber auch ihre Anpassungsfähigkeit. Immer wieder lehnte er sich gegen die Expansionsbestrebungen Karls des Großen auf, wußte aber auch sein Fähnlein nach dem Wind zu hängen und nachzugeben und konnte sich schließlich, zum Christentum bekehrt, eines geruhsamen hohen Alters erfreuen.

Von den sächsischen Herrschern des Mittelalters ist vor allem überliefert, daß sie sich unablässig darum bemühten, die Grenzen auf der Landkarte richtig einzuzeichnen und daß viele von ihnen kuriose Beinamen trugen, wie etwa »der Bedrängte«, »der Entartete«, »der Gebissene«. In solcher Gesellschaft wirkt »der Bärtige« beinahe langweilig. »Der Erlauchte«, »der Beherzte«, »der Beständige«, »der Fromme« und »der Großmütige«

oder gar »der Weise« lassen auf angenehmen Umgang zwischen Herrschern und Volk schließen.

»Der Starke«, in Sachsen »nur« Kurfürst, war gleichzeitig König von Polen. Er hob sein Heimatland erstmals auf internationales Niveau und ist ansonsten vor allem als umtriebiger Frauenheld bekannt geworden. Er war ein echtes Multitalent und der beste Entwicklungshelfer seines eigenen Landes. Als Bewunderer und Nachahmer des französischen Hofs brachte er den Sachsen nicht nur Eleganz und Galanterie bei, sondern vermochte auch künstlerische Talente zu erkennen und an seinen eigenen Hof zu binden. Als Motor seines Landes trieb er die »gemietlichen« Sachsen an, Manufakturen einzurichten, von denen die von ihm gegründete Porzellanfabrik in Meißen die berühmteste ist.

Die berühmteste sächsische Herrscherin war Augusts *Maitresse en titre* Anna Constantia von Brockdorff, geschiedene von Hoym, geadelte Gräfin Cosel. August mußte ihr: schriftlich die Ehe versprechen, eine Pension aussetzen, Schloß Pillnitz schenken, das Taschenbergpalais bauen lassen. Nach neun Jahren im Mittelpunkt des Hofes wurde die Cosel von einer anderen *Maitresse* verdrängt und auf Schloß Stolpen eingeschlossen, wo sie noch neunundvierzig Jahre lang allein leben mußte. Glanz und Elend der Kurtisanen lag in ihrem Schicksal eng beieinander. Zartgebaut und hartgesotten sind die Rokokokokotten.

Nach zahlreichen unterschiedlich durchnumerierten Friedrich Augusts kam als letzter mit Friedrich August III. ein völlig gegensätzlicher Herrschertypus auf den Thron. Seine schöne Ehefrau lief ihm mit einem Künstler davon.

Von ihm werden viele Anekdötchen überliefert, die hervorstreichen, daß er vornehmlich ein Mensch, und außerdem – nicht nur seines Dialekts wegen – ein Sachse, niemals aber eine Herrschernatur war. Er soll 1918 mit den Worten: »Nun macht euren Dreck aleene...« abgedankt haben und bei seiner Beerdigung 1932 folgten Hunderttausende von Menschen seinem Sarg.

Wenn selbst gebürtige Sachsen behaupten, der typisch sächsische Beruf sei entweder Pedell oder Portier, so ist die nächste sächsische Herrscherfigur, Stalins Mann in Ost-Berlin, nur insofern erwähnenswert, als sie eben typisch ist: Als Proletarier mit Anerkennungskomplexen, der auf unterwürfige Art nach oben dreist Macht nach unten ausübt, die sich nur halten kann, weil sie eben von einer »höheren« Autorität, von außen gestützt wird.

Inzwischen hat Sachsen nach langen Jahren der Enthaltsamkeit wieder eine echte Vaterfigur –

König Kurt. Als Ministerpräsident hat Kurt Biedenkopf gewiß eine ungewöhnliche Rolle zu übernehmen. Seine Sachsen halten große Stücke auf ihn und schütten ihm – obwohl er ja einen Wessi von dem Scheitel bis zur Sohle repräsentiert – ihr Herz aus. In persönlichen Briefen an ihn oder Frau Ingrid, der mitregierenden Gattin, werden mit einer rührenden Offenheit und Vertraulichkeit persönliche, familiäre, pekuniäre oder juristische Probleme vorgetragen, deren Lösung ganz flugs von dem Landesvater erwartet wird. Hierbei kommt der kläffende Nachbarshund ebenso zur Sprache wie die nicht originalgetreuen oder nicht gelungenen sächsischen Rezepte aus dem Kochbuch der Landesmutter, die inzwischen ein eigenes Sekretariat unterstellt bekam, um ihre vielen Briefschulden begleichen zu können.

Was gut für Kurt ist, weiß Frau Ingrid und läßt die Öffentlichkeit auch an diesem Wissen teilhaben. Wenn etwas zurechtzurücken ist – und sei es auch nur der Binder ihres Ehemanns –, Frau Biedenkopf ist zur Stelle. Sie hat es übernommen, sich um »ihre Jungs« zu kümmern und meint damit neben ihrem Mann auch noch die übrigen Regierungsmitglieder. Nicht zu Unrecht firmiert sie unter dem Begriff »Mutter Courage der sächsischen Landesregierung«.

Noch hat Biedenkopf wohl die Fähigkeit, die Rolle des Übervaters zu verkörpern, fraglich ist, ob der Wiederaufbau Sachsens zu einer Wirtschaftsmacht nicht nur in den neuen Bundesländern so schnell vollzogen werden kann, um Biedenkopf dieses Verdienst in Anbetracht der steigenden Arbeitslosigkeit und wachsenden sozialen Not jetzt schon zurechnen zu können.

Revolutionäre Sachsen

Der Große Reformator hat dafür gesorgt, daß praktisch alle Sachsen Protestanten wurden. Dabei haben die sächsischen Landesherren im wohlverstandenen Eigeninteresse natürlich nachgeholfen, aber die sächsische Weltrevolution kristallisiert sich letztlich doch um diesen Mann aus dem Weichbild des heutigen Sachsen. Die katholische Kirche hatte in Sachsen bald nicht mehr viel zu melden, denn hierzulande war man schon seit längerem der Meinung, deren Pfaffen mischten sich ein bißchen zu viel in allerlei Angelegenheiten, die sie eigentlich nichts angingen, und zögen mit dem Ablaßhandel den Leuten das Geld aus der Tasche. Der Große Reformator war hier der richtige Mann, der die richtigen Worte fand, für das, was die Menschen bewegte. Er war der Meinung, daß jeder selbst in der Bibel nachlesen sollte, was ihm Gott durch Jesus Christus zu sagen hatte. Deshalb war es ihm wichtig, daß man die Bibel auch auf deutsch lesen konnte, und sich nicht, wie bisher, von jemand anderem sagen lassen mußte, was in der lateinischen Fassung drin stand. Die Herren in Rom haben es natürlich nicht gern gesehen, daß ihnen ein Sachse ihr geistiges Monopol wegnahm, aber der Protestantismus gehört seither zum Selbst-Bewußtsein der Sachsen.

Aus dem vogtländischen Weißenborn stammt die »Neuberin« (Friderike Caroline Neuber), Vollblutschauspielerin, Theaterprinzipalin und große Reformerin des deutschen Theaters im erzieherischen Sinne der Frühaufklärung. Sie stand zunächst einer erfolgreichen Wandertruppe vor und wurde später in Leipzig seßhaft, wo sie mit Lessing zusammenarbeitete. Diese selbstbewußte Frau und Künstlerin sorgte dafür, daß der Hanswurst endgültig von deutschen Bühnen vertrieben wurde und das deutsche Drama ernst, tief und bedeutungsvoll wurde. Angelika Mechtel schildert diesen Auftritt in ihrem Buch ›Die Prinzipalin‹ in wenigen kräftigen Strichen: »Der Harlekin ist, so sagt Professor Gottsched, ein ausländisches Geschöpf, eine Erfindung der Welschen, zügellos, undiszipliniert und dem deutschen Ernst zuwider. Eine Erfindung der leichtlebigen Südländer, die glauben, die Kultur für sich gepachtet zu haben, wogegen sich die Deutschen an ernsthaften Problemen in Erbfolgen und Kriegen verzehren. So ein Harlekin, aus dem Ausland nach Deutschland gebracht, ist ein Dorn im Auge des Erziehers. Einer, der Sitten verdirbt, Seele und Gemüt. Instrument der Willkür und Respektlosigkeit. Destrukteur von Regel und Ordnung. Ein Bastard der Kunst, ein Greuel der Musen.

Die Prinzipalin, heißt es, wird ihn heute abend von der Bühne jagen, mit Schimpf und Schande, mit Hohn und mit Spott, mit der siebenschwänzigen Peitsche, so geht das Gerücht. Gestiefelt und gespornt soll sie auftreten, wie in ihren besten Tagen, in männlichen Beinkleidern, die Pfaffen das Fürchten lehren. Peitschenschwingend wird ihre voluminöse Stimme die alexandrinischen Spottverse bis in die hintersten Winkel der Ränge tragen. Kühn, entschieden, radikal.«

Sowohl als Kunst- wie als Politrevolutionär hat sich Richard Wagner betätigt. Wie gut der gebürtige Leipziger ein menschliches Hauptdilemma verstanden hat, das in seinem bürgerlichen Zeitalter in verschärfter Form zutage trat, hat er in dem ›Gold oder Liebe‹-Spiel gezeigt, das die Rheintöchter am Beginn des *Ring der Nibelungen* mit dem häßlichen Alberich treiben. Spätestens seit der Bayreuther Jubiläumsinszenierung von 1976 ist allen Wagnerianern klar, daß es sich bei diesem Mammutspektakel auch um eine politische Parabel handelt, in der davon die Rede ist, wie sich eine etablierte staatliche Ordnung in ihren eigenen Widersprüchen verstrickt und letztlich daran zugrunde geht. Das war von Wagner – nicht nur, aber auch – ganz aktuell auf die Zustände seiner Zeit gemünzt und nix da mit Vertonung alter germanischer Heldensagen. Wagner war modern. Sein eigenes direktes politisches Engagement auf den Barrikaden während der Maiunruhen in Dresden 1848, das 1849 damit endete, daß er von der Obrigkeit steckbrieflich gesucht wurde und in die Schweiz fliehen mußte, hatte er zu diesem Zeitpunkt allerdings schon hinter sich.

Unhintergehbar revolutionär waren jedoch seine Ideen zur Operndramaturgie und seine Errungenschaften als Komponist. Die der italienischen Tradition verpflichteten Nummernopern hatte er satt und schuf lieber Gesamtkunstwerke, in denen sich Dichtung und Musik gegenseitig ergänzten und die von einer »unendlichen Melodie« getragen wurden. Überzeugend wirken seine Werke vor allem auch deshalb, weil er in seinen Opern stets alles Überflüssige weggelassen hat, sich auf die wesentlichen Aussagen konzentriert und diese unglaublich komplex entfaltet hat. Zwanzig Stunden Spieldauer (vom *Ring*) widersprechen diesem Befund nur scheinbar. Wagners Opern sind zwar lang, aber nie langweilig. Obwohl seine Ideen und seine Texte sehr gedankenreich sind, ist er weniger als Dichter, sondern vielmehr als Musiker berühmt. Das liegt daran, daß seine Musik noch komplexer ist, als seine Libretti. Und es liegt nicht daran, daß seine Musik laut ist, wie viele meinen, sondern sie ist, im Gegenteil, eher leise und auf jeden Fall subtil. Alle, die nach Wagner kamen, haben versucht, so zu komponieren wie er. Richard Strauss hat sich Zeit seines Lebens gegrämt, daß ihm nicht so etwas gelungen ist wie das Schlußquintett des zweiten Aktes der *Meistersinger.*

Mit den Philosophen hat sich Friedrich W. Nietzsche ziemlich gründlich angelegt. In seinen Werken hat er den Glauben an Ideale preisgegeben und den Menschen als reines Naturprodukt betrachtet. Demzufolge sollen die Vorstellungen zur Sittlichkeit auf den natürlichen Trieben des Menschen beruhen und nicht auf »göttlichen« Regelungen. Dies bedeutet einen Bruch mit den idealistischen Traditionen des christlichen Abendlandes. Philosophische Thesen zu verkünden, die in dem Schlachtruf gipfeln: »Gott ist tot!«, kann man sich radikaler kaum vorstellen.

Beinahe ein Revolutionär geworden wäre der ehemalige Leipziger Oberbürgermeister Carl Friedrich Goerdeler. Dieser entschiedene Verfechter des Rechtsstaats geriet in den dreißiger Jahren immer stärker in Opposition zur Hitler-Diktatur. Trotz seiner Wiederwahl verzichtete er 1937 auf sein Amt, nachdem das Denkmal von Felix Mendelssohn Bartholdy von den Nazis entfernt worden war. Goerdeler, ein keineswegs fortschrittlich, sondern nationalkonservativ gesinnter Mann, war gleichwohl ein führender Mann des Widerstands gegen Hitler und sollte nach einem erfolgreichen Sturz des Diktators das Amt des Reichskanzlers übernehmen. Wegen seines politischen Engagements wurde Goerdeler zum Tode verurteilt.

Humorvolle Sachsen

Der in Wurzen geborene Hans Bötticher (Spitznamen Kuttel Daddeldu, besser bekannt als Joachim Ringelnatz) unterzog schon im Geometrieunterricht die Geduld seines jungen Lehrers harten Proben. Einmal äußerte er laut vor den Klasse den Wunsch, in einen Puff, der sich tatsächlich in Schulnähe befand, gehen zu dürfen. Der entsetzte Lehrer faßte sich und gestattete eine fünfminütige Unterbrechung des Unterrichts. Natürlich ging Ringelnatz nicht ins Bordell, sondern wartete brav die gewährte Frist ab, um sich dann wieder in die Klasse einzureihen. Einige Wochen später meldete sich der übermütig gewordene Zögling abermals und äußerte sein Verlangen, ein Stück Quarkkuchen essen zu wollen. Abermals entließ der Lehrer ihn für fünf Minuten aus dem Unterricht. Diesmal setzte Ringelnatz sein Vorhaben in die Tat um, berichtete aber später, daß er den Kuchen »lustlos heruntergewürgt« habe. Die Großzügigkeit seines Lehrers machte auf ihn so großen Eindruck, daß er seine Leistungen in Geometrie erheblich steigerte und später behauptete, alle seine Lehrer bis auf diesen »kalt und unversöhnlich verprügeln zu können«.

Erich Kästner ist bekannt dafür, daß er selbst in der für ihn als Regimegegner gefährlichen Zeit des Dritten Reichs einen gewissen Galgenhumor beibehielt. Anläßlich einer Bücherverbrennung in Berlin, an der er bewußt teilnahm, hörte er auch Schmähreden gegen sich und seine Werke: »Gegen Dekadenz und moralischen Verfall! Für Zucht und Sitte in Familie und Staat! Ich übergebe den Flammen die Schriften von Heinrich Mann, Ernst Glaeser und Erich Kästner!« Kästner war beruhigt: »Immerhin befinde ich mich in guter Gesellschaft.«

Der in Plauen gebürtige Erich Ohser, besser bekannt unter dem Namen E. O. Plauen, hat vor allem mit seinen gezeichneten Sequenzen über »Vater und Sohn« den deutschen Comicstrip über das Leben der einfachen Leute in den dreißiger Jahren und damit eine neue Gattung des deutschen Humors nach Wilhelm Busch wieder- beziehungsweise miterfunden. Generationen von Schulkindern haben sich seitdem mit den Bildergeschichten, ihren zu Herzen gehenden Helden und der damit verbundenen weniger lustigen Zeitgeschichte beschäftigen müssen, um ihnen die letzten humoristischen Geheimnisse zu entlocken.

Hans Stosch suchte einmal einen Wahrsager auf, um sich die Zukunft deuten zu lassen. Dieser hatte für Stosch, der als Zirkuskünstler arbeitete, nur einen einzigen Ratschlag: Er solle seinen Namen ändern. Aus Stosch wurde Sarrasani und der Eigentümer des größten Zirkusimperiums der Welt. In Dresden eröffnete er im Jahre 1912 den ersten Zirkus Europas in einem festen Gebäude. Anläßlich der Eröffnung dieses monumentalen Baus, bei dem auch die Arena abgesenkt und mit Wasser gefüllt werden konnte, sollte auch eine riskante Hochseilnummer vorgeführt werden. Just am Tag der Eröffnung brach sich der Artist ein Bein und mußte ausfallen. Da die sächsische Königsfamilie unter anderen an der feierlichen Eröffnung teilnehmen wollte, entschloß Stosch sich, die gefährliche Nummer selbst darzubieten, nachdem der verletzte Artist ihn in alle Tricks eingeweiht hatte. Die Vorstellung verlief planmäßig. Offensichtlich war dies für Stosch jedoch ein so schreckliches Erlebnis, daß er in den darauffolgenden Aufführungen auf diese Nummer verzichtete.

Sächsische Geschichte

Die Sachsen waren immer schon modern. Ihrer Tüchtigkeit und ihrem Erfindungsreichtum verdanken sie ruhmreiche Pioniertaten.

Die Albrechtsburg in Meißen wird als erster Schloßbau Deutschlands in der Formensprache der Spätgotik und im Geiste der Renaissance gebaut.

Im 16. Jahrhundert stellt sich Kurfürst Friedrich der Weise auf die Seite Martin Luthers. Nach dessen Tod baut sein Bruder Johann der Beständige die Evangelisch-lutherische Landeskirche in Sachsen auf, deren oberster Bischof er auch zugleich ist. Sachsen wird zum Stammland der Reformation.

Luthers Bibelübersetzung des Neuen Testaments liegt die obersächsische Kanzleisprache zugrunde, die sowohl im oberdeutschen wie auch im niederdeutschen Raum verstanden wird.

Damit wird die Grundlage für die neudeutsche Hochsprache gelegt.

Im Jahre 1501 veröffentlicht der Freiberger Stadtarzt und Bürgermeister Ulrich Rülein von Claw das erste deutschsprachige Buch über den Bergbau mit dem Titel Nützlich bergbüchlein. Kurz darauf wird in Schneeberg der Pferdegöpel erfunden, der den Bergbau in Tiefen bis etwa 250 Meter möglich macht.

Etwa zur selben Zeit veröffentlicht Georg Pawer (Bauer) unter dem Namen Georgius Agricola das bahnbrechende Werk De re metallica. In zwölf Bänden, mit Holzschnitten reichbebildert, berichtet er über seine Forschungen und Erkenntnisse auf den Gebieten Technik- und Montanwissenschaften, Mineralogie, Arbeitsmedizin, Seuchenschutz, Ökologie und Ökonomie, Bergrecht, Arbeits- und Gesellschaftsrecht.

Eine der ersten Schauspieltruppen Deutschlands entsteht im Jahre 1669.

Mit dem Bau der Leipziger Handelsbörse im Jahre 1678 etabliert sich Leipzig endgültig als die größte Handelsbörse Deutschlands.

In Leipzig erscheint 1682 die erste wissenschaftliche Zeitschrift Deutschlands mit dem Titel Acta eruditorum.

Im Jahre 1698 wird die erste Staatsbank Deutschlands mit Sitz in Leipzig gegründet.

Mit der Bildung der Oberrechenkammer im Jahre 1707 wird erstmals in Deutschland eine territorialstaatliche Finanzkontrollbehörde geschaffen.

Im gleichen Jahr erfinden Böttger und Tschirnhaus das erste europäische Porzellan, das sogenannte rote Böttgersteinzeug.

1710 wird die erste europäische Porzellanmanufaktur auf der Albrechtsburg in Meißen eingerichtet.

Um 1717 gelingt Böttger der Durchbruch zur Herstellung von weißem Porzellan.

1723 wird von August dem Starken zum ersten Mal in Europa eine fürstliche Kunstkammer als Museum dem

Volk zugänglich gemacht und im Grünen Gewölbe des Residenzschlosses eröffnet.

Im Jahre 1732 erscheint das 68-bändige »Große Vollständige Universal-Lexikon Aller Wissenschaften und Künste« im Johann Heinrich Zedler Verlag. Dieses Werk war das berühmteste und lange Zeit meistbenutzte seiner Zeit.

Seit 1765 ist die Bergakademie Freiberg die erste montanwissenschaftliche Ausbildungsstätte und technische Hochschule der Welt.

Im Jahre 1778 werden in Leipzig das erste deutsche Taubstummeninstitut errichtet und das erste deutsche Volksschullehrerseminar in Dresden gegründet.

Ab 1784 konnte man sich in dem metallurgischen Laboratorium von Detlev Carl von Einsiedel der erworbenen Kunstfertigkeit rühmen, einen einwandfreien Eisenkunstguß hergestellt zu haben.

Samuel Friedrich Christian Hahnemann gibt 1810 seine Schrift Organon der Rationellen Heilkunde heraus und wird damit zum Begründer der Homöopathie.

Im Jahre 1816 wird die erste Gasanstalt auf dem europäischen Festland zum Betreiben einer Gasbeleuchtung in einem Amalgamierwerk in Betrieb genommen.

In Leipzig wird im Jahre 1825 der noch heute bestehende ›Börsenverein des Deutschen Buchhandels‹ als Standesorganisation der deutschen Verleger und Buchhändler gegründet, und damit die erste berufsständische Vereinigung Deutschlands im modernen Sinn. Auch das vom Börsenverein seit 1834 herausgegebene Börsenblatt für den Deutschen Buchhandel ist die erste deutsche Verbandszeitschrift.

Freiberger Bergleute bauen zwischen 1837 und 1839 den ersten Eisenbahntunnel bei Oberau, und bei Riesa entsteht eine 345 Meter lange Elbbrücke, und stets bewegte man sich dabei auf technischem Neuland. Wenn das Wort ›Pioniertat‹ irgendwo stimmt, dann hier. 1839 wird die erste deutsche Ferneisenbahnstrecke zwischen Leipzig und Dresden eröffnet.

Dresden wird zur Uraufführungsstätte von Wagners Frühwerk. Es begann 1842 mit *Rienzi*, 1843 folgte *Der fliegende Holländer* und 1845 *Tannhäuser*.

Im Jahre 1843 wird von Felix Mendelssohn Bartholdy das erste deutsche Konservatorium in Leipzig gegründet.

Im gleichen Jahr wird von einem mechanisch versierten Weber die Papierherstellung aus Holzschliff erfunden.

Hermann Schulze-Delitzsch richtet in Delitzsch bei Leipzig die erste, als Selbsthilfeeinrichtung gedachte ›Assoziation‹ der Schuhmacher und Tischler ein, die zum Ausgangspunkt der Genossenschaftsbewegung in Deutschland wird. Ebenfalls in Delitzsch gründet er 1850 die erste Kreditgenossenschaft, den sogenannten ›Vorschußverein‹, aus dem sich die Volksbanken entwickeln.

Ab dem Jahre 1854 erscheint erstmals die Wochenzeitschrift *Die Gartenlaube* in Leipzig. Genau neunzig Jahre lang »erweckt sie die Phantasie ihrer Leser mit Liebreizendem, Ergötzlichem und Herzerfrischendem. Wohltuende und sinnreiche Geschichten, gefälligst illustriert, werden allen Empfindenden wärmstens angeraten. Als Volks- und Familienblatt ist die Zeitschrift bemüht, alle Fragen zu beleuchten, die das Wohl des Bürgerstandes betreffen. Der Frau, dem Mann, den Söhnen und Töchtern sollen schöne Erzählungen und nützliche Belehrungen zur Veredelung des täglichen Lebens nahegebracht werden.« Diese selbstgewählte Einführung verabsäumt allerdings darzustellen, daß *Die Gartenlaube* lange Zeit als Kampfblatt gegen den geistigen Mief der deutschen Kleinstaaterei galt, das seinen Lesern besonders auf naturwissenschaftlichem Gebiet eine bestmögliche Aufklärung zukommen ließ. Selbst vor den christlichen Kirchen zeigte das tapfere Kulturblatt in den Jahren des Kulturkampfes keine Ehrfurcht, sondern wetterte energisch gegen Aberglauben und Heuchelei. Erst nach der Jahrhundertwende sank ihr Anspruch auf das übliche Illustriertenniveau.

Im Jahre 1855 wird in Dresden die erste Nähmaschinenfabrik Deutschlands eröffnet.

Im Jahre 1862 wird in Dresden die erste Zigarettenfabrik Deutschlands eröffnet.

1864 wird in Leipzig der erste Schreberverein gegründet, allerdings nicht von dem Arzt Dr. Daniel Gottlieb Moritz Schreber, der bereits 1861 gestorben war, sondern von seinem Freund Dr. Hausschild. Die Idee der Spielplätze (»Kinderbeete«) steuerte der Lehrer Gesell bei. Der Arzt und Pädagoge Schreber hatte in zahlreichen Schriften das gedankliche Grundkonzept dazu entwickelt. Die denkmalgeschützte Erstanlage befindet sich heute noch in Leipzig.

1865 findet unter der Leitung der Frauenrechtlerinnen Louise Otto-Peters und Auguste Schmidt der erste deutsche Frauenkongreß statt. Im Rahmen dieser Veranstaltung wird die Gründung des Allgemeinen deutschen Frauenvereins beschlossen.

Im Jahre 1871 wurde mit der kartographischen Landesaufnahme in Sachsen begonnen, die 1896 abgeschlossen werden konnte. Damit lag eine für Deutschland bahnbrechende Spezialkartierung vor.

Mit der Uraufführung von *Feuersnot* im Jahre 1901 beginnt der Reigen von Opernpremieren bedeutender Werke von Richard Strauss in Dresden. 1905 folgen *Salome* und 1909 *Elektra.* Mit der umjubelten Uraufführung des Rosenkavalier, zu der das Publikum in Sonderzügen aus Berlin anreist, begeht man in Dresden »das letzte große Fest des alten Europa« vor dem Ersten Weltkrieg.

Der Dresdner Pharmazie-Großindustrielle Karl August Lingner (»Odol«) organisierte 1911 die 1. Internationale Hygieneausstellung in Dresden. Anläßlich der zweiten Ausstellung wird das Deutsche Hygienemuseum im Jahre 1930 eröffnet, eine in der Welt einmalige Institution.

Siegmund Jähn aus Morgenröthe-Rautenkranz ist vom 26.8. bis 3.9.1978 der erste Deutsche im All.

Sächsische Politik

Tag für Tag wird in und über Sachsen Politik gemacht, doch dies ist noch lange keine sächsische Politik. Nach wie vor ist die sächsische Staatsregierung ebenso wie die sächsische Verwaltung mit einem erheblichen Prozentsatz an Bundis (gebürtige Altbundesländler) durchsetzt. Von Ministern an bis zu mehr – oder in Wirklichkeit auch eher weniger – bedeutungsvollen Führungspositionen in den Kommunalverwaltungen bestimmen die westlichen Abgesandten noch immer weitgehend und mit großem Selbstbewußtsein den Kurs.

So befinden sich die Sachsen tatsächlich in einer Zwickmühle. Einerseits haben sie nach der Wende einen Kübel Gesetze und Verordnungen über den Kopf gestülpt bekommen, ohne recht zu wissen, wie ihnen geschah und was sie mit dieser Segensgabe nun wirklich anfangen sollten. Andererseits wurden ihnen westliche Verwaltungshengste zur Seite gestellt, sprich: vorgesetzt, die aus langjähriger Routine wußten, wie in einer erfreulich verfassungs- und gesetzestreuen Art regiert beziehungsweise verwaltet werden muß, die aber teilweise auch schon abgeschliffen, müde, im Trott befangen und wahrscheinlich öfter als nötig überheblich waren. Dazu kamen die Heerscharen derer, die im Westen noch kein oder zumindest kein zufriedenstellendes Auskommen gefunden hatten und die hofften, im Wilden Osten – wenn schon keine Goldkörner – so doch wenigstens ein paar Titel ausgraben zu können. In der Anfangszeit ging dann auch alles sehr schnell. Traumhafte Karrieren wurden binnen kürzester Zeit angeschoben.

Noch stand und steht der Sachse staunend daneben und wundert sich. Einerseits äußern sich die Sachsen auf ihre Weise ehrlich, wenn sie meinen, daß sie die »...Scheiß-Westgesetze und die blödsinnige dazugehörige Rechtsprechung...« nicht für das Nonplusultra halten, andererseits fehlt ihnen der Mut oder das Interesse, mit der Faust auf den Tisch zu schlagen, (»Dazu sind wir zu gut erzogen«) um endlich doch einmal einen sächsischen Anfang zu wagen.

Eine Statistik, aus der sich ergibt, wieviel Prozent der »sächsischen« Gesetze wortgetreu aus dem Schwabenländle oder dem hohen Norden übernommen wurden, ist wohl noch nicht erstellt worden. Es ist aber zu befürchten, daß der Prozentsatz der Normierungen, die einen eigenen typisch sächsischen Weg zeigen, verschwindend gering ist. Dies liegt nicht zuletzt daran, daß die vorgesetzten Chefs bei der Erarbeitung einer Gesetzesvorlage oder Verwaltungsvorschrift meist den Auftrag erteilen, jeweils in ihrem Herkunftsland nachzufragen, wie ein Rechts- oder Regelungsproblem dort gelöst wurde. Als beliebteste Entschuldigung für diese Denkfaulheit wird stets die Ausrede gebraucht, daß das Rad ja schließlich nicht zum zweiten Mal erfunden werden müsse.

Das Rad muß in der Tat gewiß nicht zum zweiten Mal

erfunden werden. Wenn es aber darum geht, beim Aufbau einer sächsischen Regierung und Verwaltung dem Freistaat ein bundeslandspezifisches Gepräge zu geben, wäre eine größere Sensibilität für die sächsischen Belange nicht ganz unangebracht. In Anbetracht der Tatsache, daß die meisten Altbundesländer sich in weiten Bereichen eine nicht nur modische, sondern auch dringend notwendige Verwaltungsmodernisierung auf die Fahnen geschrieben haben, mutet es höchst wunderlich an, daß die tatsächlich oftmals sehr reformierungsbedürftigen Verwaltungsgebräuche, bevor sie im Westen eingemottet werden, in Sachsen noch einmal rasch fröhliche Urständ' feiern.

Wenn man es nicht besser wüßte oder wissen sollte, wäre der Vergleich der Situation Sachsens in der Bundesrepublik durchaus mit der eines Entwicklungslandes im Verhältnis zu der dominierenden Kolonialmacht angebracht. Natürlich befindet man sich heute in einem wesentlich aufgeklärteren Zeitalter. Örtlichkeiten und Positionen, die früher nur den Kolonialherren vorbehalten waren, sind heute durchaus auch dem westlich infizierten Sachsen zugänglich, aber eben nur demjenigen, der viel von seiner DDR-sächsischen Seele und Mentalität abgelegt hat. In den ersten Jahren nach der Wende gab es tatsächlich noch Lokale, die zu 98% von Wessis besucht wurden. Inzwischen haben auch die Sachsen Blut geleckt und sich den westlichen Lebensstil teilweise wie ein Tarnmäntelchen um die Schultern gelegt.

Wie die durch die Frauenquotenregelungen aufgestiegenen Vertreterinnen des weiblichen Geschlechts in den letzten Jahren ihren Anteil am beruflichen Karrierismus ergattern durften, so könnte man auch behaupten, daß es in letzter Zeit einen immer größeren Teil an Vorzeigesachsen im politischen Geschehen gibt. Fraglich ist nur, wieweit sie das demokratische Spiel bereits durchschaut haben, wieviel Fachkenntnisse ihnen zu Gebote stehen oder ob ihnen irgendeine Rückenstärkung zuteil wird, um sich gegen die Besserwessis in Person ihrer Kollegen oder Vorgesetzten zu behaupten. Zu bedenken ist hierbei natürlich, daß es nach wie vor mindestens zwei grundverschiedene Arten von Sachsen gibt.

Von den Sachsen, die ihre Heimat verlassen haben, um ihr Glück in der Welt zu suchen, soll hier keine Rede sein. Die restlichen verbliebenen Sachsen sind einmal diejenigen, denen es vor der Wende nicht schlecht ging und die etwas zu melden hatten (dies ist zunächst vollkommen wertneutral gemeint), und dann gibt es noch diejenigen, die vor der Wende ein durchschnittlich bescheidenes Leben führten und über die in fast allen Lebensbereichen entschieden wurde. Mit Ausnahme des öffentlichen Dienstes, der zumindest nach außen hin weiße Wäsche gewaschen hat und sich sehr bemüht zeigte, rote Socken auszusortieren, ist es der ersten Gruppe der Sachsen, die sich auch früher schon durch Flexibilität, Kreativität, Anpassungsfähigkeit und Mut auszeichnete, gelungen, sehr schnell Fuß zu fassen und mit den Wölfen aus den westlichen Wäldern zu heulen. Diese Sachsen haben keine Scheu gezeigt, einheitlich aus der SED auszutreten, wie dies opportun erschien, und ebenso einheitlich in die PDS oder die SPD einzutreten, sofern sie nicht mit den sonstigen Alternativparteien sympathisierten. Hier haben sie inzwischen das Sagen.

Die eher stillen und unauffälligen Restsachsen, die sich ihrerseits von der Wende eine erbarmungslose Abstrafung der früheren Übeltäter erwarteten, sind nun maßlos enttäuscht, daß ihre früheren »Peiniger« nun wieder in den Schlüsselpositionen sitzen. Alte Seilschaften, dienstliche Duzfreundschaften aus den glücklichen DDR-Zeiten und nicht zu vergessen – das Kennzeichen für Insider – die kleine Plastik einer Eule auf dem Schreibtisch (eigentlich unverfänglich, aber für Eingeweihte ein Kennzeichen, daß sie es mit einem früheren linientreuen Kollegen zu tun haben) werden von diesen abermals von dem großen Kuchen ausgeschlossenen Sachsen als Indiz dafür genommen, daß sich durch die Wende prinzipiell nichts geändert hat.

Erstaunlich ist, daß gerade diese sächsischen Zeitgenossen in den Zeiten des Umbruchs oftmals an erster Stelle standen und mit ungeheurem Mut, viel Bedachtsamkeit und einem unglaublichen Fingerspitzengefühl eine blutige Revolution verhindert haben. Man fragt sich allerdings heute, welche überirdische Macht diesen Menschen für einen verhältnismäßig kurzen Zeitraum übermenschliche Größe verliehen hat, um sie dann so gnadenlos schnell wieder in die graue Normalität absinken zu lassen. Dieses Phänomen ist allseits bekannt. Noch immer werden die Loblieder auf die Helden des politischen Umschwungs gesungen, aber bei der Frage, wie es zu erklären sei, daß dieses Heldentum so gänzlich verschwunden sei, schweigt des Sängers Höflichkeit beschämt und verständnislos.

Zusammengefaßt gibt es unter den der Politik nahestehenden Sachsen das Fußvolk, das froh ist, ein Pöstchen ergattert zu haben, diejenigen, die mit den neuen Spielregeln umgehen können und die Nicht-Sachsen, die nach wie vor mehr oder weniger deutlich die Fäden in der Hand halten.

Die sächsische Bevölkerung, die keine näheren Berührungspunkte mit der Verwaltung oder der Regierung hat, steht diesem vordergründigen Demokratiespiel teils mißtrauisch, teils fordernd, teilweise aber auch ablehnend gegenüber. Das Mißtrauen rührt noch aus den Zeiten, die bereits heute von vielen nicht mehr für wahr gehalten werden. Der »Politik« kann kein Vertrauen entgegengebracht werden, da sie dies mit Sicherheit gegen die Bürger einsetzen wird. Wenn Sachsen aber nicht von diesem oftmals auch wendebedingten, beinahe krankhaft zu nennenden Mißtrauen besessen sind, haben sie vollkommen unrealistische Erwartungen an das neue System. Wer eine Widerspruchsfrist versäumt hat, wer mit seinem Nachbarn nicht auskommt oder wer im strafrechtlichen Sinne auffällig geworden ist, hofft, mit einem Brief an Papa Biedenkopf oder die ihm angetraute Landesmutter alles schnell wieder ungeschehen zu machen. Immer wieder müssen die ahnungslosen Sachsen aufgeklärt werden, daß auch in ihrem speziellen Fall keine ausnahmsweise Durchbrechung der Gewaltenteilung möglich ist, daß Recht und Gesetz nicht einem Ministerpräsidenten unterstehen oder daß König Kurt bedauerlicherweise keine unerschöpfliche Privatschatulle hat, um in Fällen von Not und Elend helfend eingreifen zu können. Solche Antworten sind natürlich unverständlich und besonders unpopulär. Da mag es auch nur wenig helfen, wenn Frau Biedenkopf in ihrem Kochbuch einen

Lobgesang auf die sächsische Küche verfaßt hat und sich für die Verbreitung sächsischer Produkte auch in den alten Bundesländern einsetzt.

Tatsache ist aber, daß es den Sachsen – auch wenn sie dies nicht immer wahrhaben wollen – verhältnismäßig gutgeht. Wirtschaftlich haben sie eine Spitzenposition unter den neuen Bundesländern eingenommen und gefestigt. In der Stadt Dresden konnte im Jahr 1997 allein ein Wirtschaftswachstum von 5,5 % verzeichnet werden. Mit diesem Wert konnten sogar London, Paris oder Hamburg in den Schatten gestellt werden. Die Kehrseite der Medaille darf natürlich auch nicht übersehen werden. Die Arbeitslosigkeit stieg in den letzten sieben Jahren von 7 % auf 12 %. Wie der Dresdner Oberbürgermeister zugeben mußte, war es unumgänglich, viele tausend unrentable Arbeitsplätze wegfallen zu lassen. Im gleichen Atemzug lobt er aber, daß die Mehrzahl der in Sachsen verwurzelten Branchen erhalten bleibt. Auf die Dauer wird sich die Schere Wirtschaftswachstum – Arbeitslosigkeit immer weiter öffnen, so daß dringendst eine sächsische Lösung erarbeitet werden müßte, wenn schon seitens der Bundesregierung auf diesem Terrain kein Land gewonnen werden kann. Es bleibt abzuwarten, ob den pfiffigen Sachsen in ihrem Tüftlergeist eine patente Lösung heranreifen kann, die den Hoffnungen auf die Demokratie entspricht.

Die Sachsen bei der Arbeit

Der sächsische Weg, um aus einem Berg Kapital zu schlagen

Etwa auf dem halben Weg zwischen Dresden und der heutigen Grenze zur Tschechischen Republik liegt an der Elbe der Berg Königstein mit der berühmten gleichnamigen Feste. Über Jahrhunderte hinweg galt der Königstein als unbezwingbar, da er fast nur aus senkrecht aufragenden Felsen bestand. In den vierziger Jahren des neunzehnten Jahrhunderts kam ein Schornsteinfegergeselle namens Sebastian Abratzky in das kleine Städtchen Königstein am Fuße des Königstein. Da der junge Mann mit mehr Talenten als Geld gesegnet war, beschloß er, in der Hoffnung auf einen königlichen Empfang auf der Feste (die Aussicht auf eine fürstliche Bewirtung soll hierbei zumindest eine kleine Rolle gespielt haben), die nackten Felsen zu erklimmen. Ohne irgendwelche Hilfsmittel und mit nackten Füßen gelang ihm dieses waghalsige Unternehmen. Seine Erwartungen wurden aber in keiner Weise erfüllt. Als Spion wurde er dort über mehrere Wochen festgehalten, was ihm zumindest Wasser und Brot sicherte. Als sich seine Unschuld herausstellte, wurde er dann – wenn auch mit zeitlicher Verzögerung als Held gefeiert. Wie fürstlich die Bewirtung ausfiel, ist nicht überliefert. Ein etwas überreifes Kammerkätzchen, das in dem Gasthof vor Ort ein wenig an dem Ruhm des wagemutigen Schornsteinfegers teilhaben wollte, flüsterte ihm den Weg zu ihrer Kammer ins Ohr. Laut bat sie ihn dann, sein Erlebnis aufzuschreiben. Unter dem Titel: Die einzige Ersteigung der Festung Königstein durch Sebastian Abratzky – Von demselben erzählt, ließ er ein kleines Heftchen drucken, mit dem er durch die Lande zog. Er trug abends in Gasthäusern seine Geschichte vor und verkaufte anschließend seinen schriftlichen Bericht. Dies versorgte ihn mit einem ausreichenden Einkommen, so daß er fortan weder Schornsteine noch Felswände erklimmen mußte. Diese kleine Geschichte offenbart jene Züge, die einen Menschen zum Sachsen machen: Er ist schlau, gewitzt, hin und wieder sogar gerissen, aber auch dem Wohlleben zugetan.

Maulwurfsarbeit

Früher hatten alle Sachsen reichlich Arbeit, und da sächsische Hände nie ruhen, kam auch etwas dabei heraus, und Sachsen erfreute sich des Wohlstandes, ja es war sogar über lange Zeiträume die reichste Region in deutschen Landen.

Erste nennenswerte Aktivitäten waren im frühen Mittelalter das Roden von Wäldern und das Trockenlegen von Sümpfen. Aber nicht nur oberirdisch war der Sachse bereits in jener Zeit aktiv. Im Erzrausch (genannt: der »Bergsegen«) grub man jahrhundertelang tagein tagaus der Schätze immer mehr heraus: Silber, Eisen Blei. Heute lohnt nur noch die Förderung von Zinn und Nickelerzen, da in der freien Marktwirtschaft im Gegensatz zur ehemaligen Planwirtschaft natürlich eine gewisse Mindestrentabilität gewährleistet sein muß.

Aus diesem Grund mußte auch auf die Förderung von Steinkohle verzichtet werden, so daß als wichtigster sächsischer Energieträger nur noch die Braunkohle abgebaut wird. Das Problem bei sächsischer Braunkohle besteht darin, daß sie im bergfeuchten Zustand einen Wasseranteil von 54 % aufweist, bei einem Kohlenstoffanteil von nur knapp 30 %. Der relativ hohe Schwefelanteil ist bei der Verbrennung für die nachhaltigen Umweltschäden verantwortlich. Die sächsische Braunkohle weist darüber hinaus noch die Nachteile auf, daß sie bei kaltem Wetter in den Transportwaggons festfriert, bei warmem Wetter aber zu Staub zerfällt und vom Winde verweht wird. Um dem entgegenzuwirken, wird die Braunkohle brikettiert, wodurch sie Wasser verliert, bessere Brennwerte aufweist und sich leichter transportieren läßt.

Aber nicht nur die Abbauprodukte des klassischen Bergbaus tragen zum sächsischen Wirtschaftsleben bei. Zu Kohle und Erzen kommen noch die verschiedenen Tonerden (Porzellan- und Töpferwarenherstellung), Sande (Glasherstellung), Kiesel und Werksteine (wie der auch ohne Umweltverschmutzung schnell schwarz werdende Sandstein).

Trotz aller Wenns und Abers – Hauptsache ist, daß der Sachse auch in Zukunft buddeln kann. Zu viele Elemente seines Brauchtums beruhen auf dem Maulwurfsleben, so daß es die Sachsen hart treffen würde, wenn es diese Erwerbszweige nicht mehr gäbe.

Gewandhäuser

Man sollte es nicht für möglich halten, aber in früheren Zeiten spielten die textilen Eitelkeiten der Menschen eine noch größere Rolle als heutzutage, und deshalb war die Textilindustrie bereits im Mittelalter eine Leitindustrie, wie heute die Automobilindustrie oder High-tech. Mittelalterliches High-tech waren die Webstühle; das Rohmaterial (Wolle, Flachs) mußte beschafft, das Endprodukt zu Fashion veredelt und auf die Absatzmärkte gebracht werden – all das war für die damaligen Verhältnisse ziemlich komplex, und es hingen viele Arbeitsplätze dran. Sachsen hat hier schon früh eine führende Stellung eingenommen. Die Zünfte der Tuchmacher übten bis in die frühe Neuzeit einen wesentlichen Einfluß auf die wirtschaftliche und politische Entwicklung der Städte aus. Deshalb ist in fast jeder Stadt Sachsens noch heute als Zeugnis dieses erfolgreichen Gewerbezweiges ein Gewandhaus zu finden. Mit der Einführung der maschinellen Stoffherstellung fühlte sich eine Vielzahl von Sachsen zur Zeit der beginnenden Industrialisierung ihrer Würde und ihrer Freiheit beraubt. Arbeit, die bisher in der heimischen Wohnstube erbracht werden konnte, mußte nun in oftmals weit entfernten Fabriken unter teilweise menschenunwürdigen Umständen geleistet werden. Gerade in Sachsen kam es damals – nicht zum letzten Mal – zu politischen Unruhen, die ihre Ursachen auch in grundlegenden Umstrukturierungen der Wirtschaft hatten.

Weinanbau

Ab dem 12. Jahrhundert widmeten sich fleißige Sachsen dem Weinanbau, nachdem sie festgestellt hatten, daß das Weingeschäft lukrativ, der Weinimport teuer und der Verbrauch nicht zuletzt für sakrale Zwecke ständig zunahm. Der heidnische Weingott Bacchus hatte deshalb den christlich-katholischen Bischöfen von Meißen Eingebungen angedeihen lassen, aufgrund derer sie die steilen Südhänge entlang der Elbe und der linkselbigen Nebentäler terrassieren und Reben anbauen ließen. Der Altzellaer Zisterziensermönch Bernard berichtete zu Beginn des 12. Jahrhunderts von einer Weinstraße an der Elbe. Sie erstreckte sich damals von Pirna über Meißen bis nach Wittenberg und stellt so eine der ältesten Weinstraßen Deutschlands dar. Und das sächsische Weinanbaugebiet ist bis heute das nördlichste Weinanbaugebiet der Welt geblieben.

Schädlinge und Rebkrankheiten, preiswertere ausländische Weine gewiß von der Art, wie sie heute im Tetrapack verkauft werden, und der Siegeszug des Biers ließen den Weinanbau bereits nach den ersten Jahrzehnten wieder zurückgehen. Zu Beginn des 20. Jahrhunderts hatte eine Reblauskatastrophe nahezu alle Weinreben im Elbtal vernichtet. Erst die Verwendung reblausresistenter amerikanischer Unterlagsreben ermöglichte zwischen den beiden Weltkriegen allmählich die Aufrebung zumindest von etwa drei Vierteln des ehemaligen Weinanbaugebietes, die auch in DDR-Zeiten fortgeführt wurden. Anke I., die Sächsische Weinkönigin des Jahrganges 1992, warnte vor Pauschalisierungen hinsichtlich der DDR auch im Bezug auf den Weinbau: »Alles war früher auch nicht schlecht. Es ist geradezu beispielhaft, mit wieviel Eifer und welcher Begeisterung in den vergangenen Jahren Brachland wieder aufgerebt wurde, und das nicht aus Gewinnsucht, sondern viel eher aus Idealismus – aus Liebe zum Wein und Verpflichtung gegenüber den alten Traditionen.«

Wie groß der Erfolg dieser Bemühungen war, zeigte sich nach der Wende. In ganz Deutschland sind die berühmten sächsischen Spitzenlagen in aller Munde und werden von Kennern mit Genuß getrunken: Radeberger, Wernesgrüner, Freiberger, Urkrostitzer…

Bieranbau

Nicht nur das Winzergewerbe gibt der sächsischen Landschaft ein gewisses Gepräge, auch die Rohstoffe für die zahllosen Biersorten, Hopfen und Gerste, beeinflussen das Bild von Sachsens Hain und Fluren. Als das deutsche Reich im 14./15. Jahrhundert noch in größere (Bier) und kleinere (Wein) Trinkländer eingeteilt wurde, gehörte Sachsen bereits eindeutig zu den größeren Trinkländern. In den folgenden anderthalb Jahrhunderten erreichte das Brauwesen in Sachsen seinen Höhepunkt, so daß es bereits nach Bayern oder Wien – gewiß als Revanche für den Importwein – exportiert wurde. Auch bei den sächsischen Landesherren gehörte Bier zu jenen Getränken, die sowohl im Alltag, als auch bei Staatsfeierlichkeiten reichlich konsumiert wurden.

Bier kam aber auch andernorts zum Einsatz. Dresdner Almosenstiftungen sahen ab dem 15. Jahrhundert vor, daß die Bedürftigen unter anderem dreimal jährlich ein halbes Fuder Bier erhalten sollten. Seit 1471 wurde Frauen nach der Niederkunft das sogenannnte Wöchnerinnenbier zugesichert, das wenig Alkohol, aber eine hohe Nährkraft gehabt haben soll. Im 16./17. Jahrhundert hat der Biergenuß ein solches Ausmaß angenommen, daß die öffentliche Ordnung gefährdet wurde. In Gast-, Hochzeits- oder Polizeiverordnungen sollten zulässige Höchstmengen des zu verabreichenden Biers, die Polizeistunde und das Verbot, Bier auf Pump auszuschenken, für Ordnung sorgen. Drakonische Strafen konnten bei einer eventuellen Nichtbefolgung verhängt werden.

Wer an den riesigen Hopfenanbaugebieten vorbeifährt, käme niemals auf die Idee, daß das Resultat dieser beeindruckenden Pflanzungen trotz der Null-Promille-Grenze in den neuen Bundesländern unter anderem zu vielen hundert Verkehrstoten jährlich führt.

Schreibarbeit

Fleißige Schreibarbeit leistete Sachsens zwar nicht bester, aber meistgelesener Schriftsteller Karl May. Er stammte aus einer bettelarmen Weberfamilie und war eins von vierzehn Geschwistern, von denen neun innerhalb ihrer ersten beiden Lebensjahre an ›Hunger und mangelnder Hygiene‹ starben. Als Kind blind, dann wieder sehend geworden, trat der Ex-Knacki und Ex-Lehrer als junger Mann unter anderem als Augenarzt Dr. Heilig auf. Arzt zu werden war ein unerreichbares Wunschziel des späteren Apologeten der indianischen Edelmenschen. Mit Anfang Dreißig begann er zu schreiben: heimatliche und exotische Novellen, 20 000 Seiten pseudonyme Kolportagehefte und die ersten Reiseromane, die später zu einem vielbändigen Werk anwuchsen, das ihn berühmt und wohlhabend machte. Davon konnte er sich schließlich eine stattliche klassizistische Villa in Dresden-Radebeul, Weltreisen an die Schauplätze seiner Romane, die er zuvor nie gesehen hatte, und ein säulengeschmücktes Mausoleum leisten.

Der unglückliche May hat sich mit seiner riesigen schriftstellerischen Arbeit aus seiner Existenz herausgeschrieben. Das gewaltige Echo, das seine Wunscherfüllungsromane in Deutschland fand, macht ihn zu einem der interessantesten literarischen Phänomene – nicht nur in Sachsen.

Sachsen auf Schmalspur

Wie vor hundert Jahren zuckeln von Dampflokomotiven gezogene romantische Eisenbahnen durch landschaftlich reizvolle Gebiete Sachsens. Auf den ersten Blick fällt dem ungeübten Auge kein Unterschied zu einem ganz normalen Zuggespann auf. Allein, die Gleise liegen dichter zusammen. Abweichend von der Regelspur mit 1435 Millimeter findet man Spurbreiten zwischen 0,5 und

1 Meter Spurweite. Diese Besonderheit Sachsens ist dadurch entstanden, daß die sächsische Regierung ab den dreißiger Jahren des 19. Jahrhunderts dem Bau eines Eisenbahnnetzes abwartend gegenüberstand. Diese »Erscheinung« war für den konservativen sächsischen Geschmack anscheinend ein wenig zu extravagant.

Da die aufkommende Industrie und der Bergbau aber auch die Landwirtschaft die Vorteile einer Eisenbahn als zukunftsträchtiges Transportmittel allmählich jedoch erkannten, lag es zunächst in privater Hand, zumindest für den Werks- oder Bergwerksgebrauch eigene Eisenbahnen zu bauen. Die auf privater Initiative beruhenden überregionalen Eisenbahnbauten mußten ab der Mitte des 19. Jahrhunderts von einem zähneknirschenden Staat aufgekauft und weitergeführt werden, da vielen privaten Betreibern schlicht das Geld ausgegangen war. Der Bau von sogenannten untergeordneten Bahnen wurde auch in der Folgezeit bedacht, erwogen, verworfen und erst ab 1893 mit dem Bau der ersten Schmalspurbahn gefördert, da bei geringerer Höchstgeschwindigkeit der Schmalspurbahnen ein geringerer Instandhaltungsaufwand getrieben werden mußte und – so der Wortlaut eines königlichen Dekrets vom 8. Dezember 1879 – die »...schmalspurigen Bahnen sich dem Terrain besser anschmiegen können...«.

Ab 1920 ging die sächsische Staatseisenbahn in das Eigentum der Deutschen Reichsbahn über. Ab dem Ersten Weltkrieg erfuhren die Schmalspurstrecken eine erhebliche Konkurrenz durch den Kraftverkehr, der bessere Leistungen schneller und billiger erbringen konnte. Nach dem Zweiten Weltkrieg erlebten die Schmalspurbahnen noch einmal eine Renaissance, da die Gleiskörper ebenso wie die Fahrzeuge unzerstört waren. Vom Gütertransport, der ab den fünfziger Jahren wieder von Lastkraftwagen übernommen wurde, konnte noch einmal eine Ära des verstärkten Personenverkehrs zu den Ferienheimen des FDGB in den Erholungsgebieten eingeläutet werden, die dann aber bald durch den Einsatz von Reisebussen beendet wurde. Aus Gesichtspunkten der Traditionspflege wurden ab Mitte der sechziger Jahre für die Fans von grauweißen Dampfwolken und Messingglocken die landschaftlich reizvollsten Schmalspurstrecken in Betrieb gehalten.

Transferleistungen

Im zeitgenössischen sächsischen Wirtschaftsleben beginnt ein künstlich hervorgerufenes, fremdfinanziertes Wirtschaftswunder Blüten zu treiben, von denen gegenwärtig niemand sagen kann, ob die Blütenstiele nicht bereits verfault sind. Im Rahmen der Aktionen zum Aufbau Ost werden Unsummen in modernste repräsentative Bürogebäude gepumpt, die kurz nach ihrem Entstehen schon dem Verfall und dem Vergessen preisgegeben sind. Auch die Angebote verzweifelter Investoren, Büroräume bis zu drei Monaten »zum Ausprobieren« kostenlos zur Verfügung zu stellen, locken schon lange keine Interessenten mehr auf den Plan.

Nur etwas besser geht es den Erbauern der im internationalen Stil aus der Erde gestampften gigantischen Glaskonstruktionen, die als Messehallen oder Einkaufszentren fungieren sollen. Auch wenn in Sachsen der Trend auf die preiswerte grüne Wiese noch immer anhält, wodurch die Innenstädte an Käufern und damit an Attraktivität verlieren, gibt es hier inzwischen Ladenpassagen, in denen die ersten optimistischen Ladenbesitzer schon wieder die Segel streichen mußten und die nun ungenutzt auf eine neue Konjunkturwelle hoffen.

Besser geht es da noch den Erbauern der hypermodernen Lichtspieltheater. In gleißendes Licht getaucht, aus poliertem Stein, Chrom und Messing stehen diese Filmpaläste meist an den Stadträndern, um das actionfilmbegeisterte Publikum in eine Welt zu entführen, die weit jenseits der sächsischen Realität zu existieren scheint. Bei diesen Ansammlungen all dessen, was die moderne Zeit auf den Gebieten Kunst und Schick aufbieten kann, fühlt sich der vornehmlich junge Sachse immerhin dazu aufgerufen, sein bestes Sweatshirt und die Schuhe mit den klobigsten Absätzen hervorzuholen. So werden Abend für Abend gewaltige finanzielle Transaktionen an den Kinokassen nicht nur für den Eintritt, sondern viel mehr für Naschereien, Mampfburger und Getränke aller Art getätigt.

Wenn dann am nächsten Tag dieser Traum der großen weiten Welt verflogen ist und sich der Sachse auf seine tatsächlichen Lebensumstände besinnt, kehrt er beim Einkauf wieder reumütig zu billigsten Lebensmittelmärkten und den unzähligen Geschäften zurück, die entweder minderwertigste oder Konkurswaren zu Schleuderpreisen unter Bezeichnungen wie Billie Billig oder diversen Wortkreationen, bei denen der Begriff ›Pfennig‹ den Hauptbestandteil bildet, verramschen.

Sächsische Institutionen

Das Weiße Gold

Angesichts des heutigen Überangebots an Porzellan aller Art ist es kaum vorstellbar, welche Bedeutung das Porzellan zu Beginn des 18. Jahrhunderts hatte. Bis dahin gab es lediglich chinesisches Porzellan, das seit etwa zweihundert Jahren in Europa bekannt war – aufgrund des weiten und gefährlichen Transportweges ein beinahe unerschwinglich teurer Luxus- und Prestigeartikel.

Da es keinen Weg gab, das chinesische Geheimnis der Porzellanherstellung zu ergründen, entflammte das europäische Alchimistenfieber ganz besonders, um die Geheimformel zu lüften.

Sächsischer Erfindungsgeist und besonders qualitätvolle Kaolinvorkommen im Elbtal brachten dann um 1710 die Wende. Böttger wurde unter strenge Bewachung gestellt, denn es galt, das kostbare Geheimnis zu hüten. Die Albrechtsburg in Meißen, völlig isoliert auf einem steilen Felsen gelegen und mit der Stadt nur durch eine einzige Brücke verbunden, schien für dessen Schutz die beste Gewähr zu bieten. In den leerstehenden Hallen der nie für Wohn- oder Verwaltungszwecke benutzten Albrechtsburg in Meißen wurde auf königlichen Befehl die Porzellanmanufaktur eingerichtet. Der Burgbezirk wurde abgeriegelt, die Arbeiter zu lebenslangem Schweigen verpflichtet (unter Androhung von lebenslänglicher Gefängnisstrafe). Meißen wurde dank der Schwertermarke weltberühmt.

Das »Firmenzeichen« der gekreuzten Schwerter geht auf »ein Stückgen aus dem Chursächs Wapen als etwa der Chur Schwerdter hervor«, den Insignien des Reichserzmarschallamtes und dient bei antiken Stücken mit wenigen für Laien kaum erkennbaren weiteren Kennzeichen zur Altersbestimmung.

Das Meißener Porzellan ist der sächsische Markenartikel schlechthin. August der Starke hat seinen Prestige- und Handelswert sofort erkannt. Dank der sächsischen Porzellankünstler Höroldt und Kändler erlangte die Porzellanherstellung bald nach ihrer Entdeckung darüber hinaus auch einen künstlerischen Rang, der nie mehr überboten wurde. Ihren guten Geschmack schulten die sächsischen Porzellankünstler an den chinesischen Vorbildern: Die Gefäße wurden mit farbigen Fonds überzogen, wobei man jedoch große Flächen aussparte, um den weißen Glanz des Porzellans besonders gut zur Geltung kommen zu lassen. Dann wurden diese Flächen mit sparsamer Malerei geschmückt und die Einfassungslinien unaufdringlich verziert.

À la mode waren damals »chinesische«, »japanische« und »indische« Blumen- und Ornamentmotive und die sogenannten Chinoiserien, Genreszenen in exotischem Gewand. In ihnen verwandelten die anonymen Maler der Meißener Manufaktur, die wohl nie aus Sachsen herausgekommen sind, den sächsischen Rokoko-Alltag in eine chinesisch imaginierte Märchenwelt voller Reichtum, Anmut und Weisheit, gesegnet mit ewiger Jugend und lächelnd sorgloser, unendlicher Heiterkeit des Daseins. Der Traum vom fernen Lande China lockte zu bunter, edelsteinartig leuchtender Bemalung, die alle Mühen des allmählichen Entwickelns von im Brand beständigen Farben vergessen läßt. Außer den Dresdener Gemälden von Bejlotto hat wahrscheinlich nichts so unser Traumbild vom »galanten Sachsen« geprägt wie diese Miniaturen.

Besonders zu DDR-Zeiten war man besonders fleißig darin, im VEB Staatliche Porzellanmanufaktur Meißen die traditionellen Formen und Muster für den Export und den Verkauf an Touristen penibel nachzuahmen.

Was von dem zerbrechlichen Weißen Gold aus Augusteischer Zeit noch übriggeblieben ist, wie etwa die raren Teile aus dem legendären, ursprünglich 2400 Teile umfassenden blütenweißen Schwanenservice des Grafen Brühl, wird heutzutage in Museen und Privatsammlungen gehortet und von Liebhabern, sofern sie einzelner Stücke überhaupt noch habhaft werden, teuer bezahlt.

Semperoper

Im freien Handel sind so gut wie nie Eintrittskarten erhältlich. Reiseunternehmen, Hotels, die Stadt Dresden, die sächsische Landesregierung, Dresdner Unternehmen nehmen ganze Kontingente in Anspruch, so daß es für die Dresdner Bürger oder angereiste Opernliebhaber, die sich nicht schon ein Jahr im voraus für einen Opernbesuch entscheiden und entsprechend die Karten vorbestellen, ebenso schwierig ist, einen guten Platz zu bekommen wie zu DDR-Zeiten. Nach wie vor verpflichtet der Freistaat Sachsen in dieser Oper hin und wieder Künstler von Weltrang, gleichzeitig gebietet die Sparpolitik auch dieser Institution, den Rotstift anzusetzen. So ist es dann angeblich unvermeidlich, ganze Inszenierungen aus den Altbundesländern einzukaufen. Wenn sich dort die Zeit der langen schwarzen Ledermäntel auf der Bühne allmählich ihrem Ende zuneigt, erleben solche Inszenierungen in Sachsen noch einmal fröhliche Urständ.

Daß von dem Opernhaus an der Elbe in unseren Tagen nicht die bedeutendsten musikkünstlerischen Impulse ausgehen, ist allerdings für die Sachsen nicht so sehr von Belang. Immerhin handelt es sich bei der Semperoper um das einzige Opernhaus von Weltrang, das nach seinem Erbauer benannt wird.

Gottfried Semper hat in Dresden schließlich nicht nur die Oper (zweimal!) gebaut, sondern auch die benachbarte Gemäldegalerie und die Barrikaden bei den Maiunruhen während der bürgerlich-demokratischen Revolte 1848. Dank der glanzvollen Restaurierung, die 1985 erst abgeschlossen wurde, ist heute wieder zu bewundern, was für ein Gesamtkunstwerk Semper mit seinem Opernhaus seinerzeit geschaffen hat. Bis in die kleinsten Details der Dekorationen und Innenausstattung hat er den Geist der Musik in architektonische und ornamentale Formen umgesetzt. Gewiß gibt es auch an anderen Orten der Welt musikalische Prachtbauten in Rot und Gold, aber eine Semperoper gibt es nur in Dresden.

Nichts für Hunde

Ein weiteres Gesamtkunstwerk erster Güte und Hauptort des Sachsenstolzes ist der nur einen Steinwurf (aber bitte keine Steine werfen!) entfernt gelegene Dresdner Zwinger.

Nichts weniger als das gesamte Universum wurde als Zitatenschatz für die glanzvolle Herrscherapotheose des starken August umfunktioniert: Des Zwingers Eckskulpturen der vier Winde verkünden den Fürstenruhm in alle Welt und repräsentieren das Element Luft, Wasserspiele sind im rückwärtig gelegenen Nymphenbad eingerichtet, Obst- Gemüse- und Blumengirlanden, die Früchte der Erde, umrahmen die Fenster, und bei nächtlichen Lustbarkeiten gab es aufwendige pyrotechnische Einlagen mit Tausenden von Kerzen, Fackelzügen und prachtvollen Feuerwerken.

Der Landesvater figuriert persönlich auf dem Wallpavillon als Halbgott Herkules, der die Weltkugel trägt, begleitet von den schönsten Vertreterinnen des griechischen Götterhimmels Hera, Athene und Aphrodite, die für Macht, Weisheit und Liebe auf den Laufsteg gehen – derart göttliche Damen waren für Mister Universum gerade gut genug.

Guinnessbuchreife Gelage mit reichlich Essen und Trinken wurde bei den höfischen Festen genauso selbstverständlich geboten wie musikalische Klanguntermalung und ein vielfältiges Unterhaltungsprogramm, das jeden knallbunten Abend im Fernsehen übertroffen hätte.

Die einzigen Bild-Aufnahmen, die von der ganzen Pracht noch existieren, hat der Canaletto-Neffe Bellotto gemacht. Sie hängen nebenan in der Gemäldegalerie.

Geschnitztes und bemaltes Holz

Kein anderer Ort erfährt in der Vorweihnachtszeit einen solchen Zulauf wie das kleine Dorf Seiffen im Erzgebirge. An zwei sich kreuzenden Hauptstraßen sind wie Perlen an einer Schnur abwechselnd Schnitzwerkstatt neben Schnitzereigeschäft aufgereiht. In modernsten Verkaufsräumen werden die kleinen Holzerzeugnisse, die sich in Farbe und Form von Laden zu Laden kaum unterscheiden, in Hülle und Fülle zum Kauf angeboten. Von dem hintersten Winkel bis hinauf zur Decke lächeln Engel und Räuchermännchen den potentiellen Käufer wie Straßenmädchen an und betteln darum, käuflich erworben zu werden. Wer sich eine Reise nach Seiffen antun möchte, sollte sich vorher überlegen, wie stark sein Glaube an das Weihnachtsfest ist. Nur wer zu den unerschütterlichen Weihnachtsbefürwortern gehört, sollte diesen Zug durch die Geschäftslokale antreten, da niemand die Haftung für vorübergehende Schwindelgefühle übernehmen wird. Wer nicht von der künstlerischen Qualität der angebotenen Schnitzereien überzeugt ist, verliert noch seine Illusionen darüber, mit welcher Liebe jedes einzelne Stück hergestellt wird, wenn er sieht, wie mit Hilfe eines sehr effektiven Maschinenparks aus der Scheibe eines Baumstamms ein Ring aus zig zusammengedrängten Weihnachtskrippenkühen geworden ist, die nur noch wie eine Torte in Segmentstücke zerteilt werden muß, um der manuellen Endbearbeitung zugeführt zu werden. Wer dann noch einen Nußknackerkönig nackt oder in Unterwäsche (Grundierung) gesehen hat, dem wird die fertiggestellte Majestät dann längst nicht mehr die gebührende Ehrfurcht entlocken. Nicht zu vergessen aber das wichtigste Element in Seiffen – die Menschen. Zu Hunderttausenden ergießen sie sich vor allem im Advent in das häufig winterlich verschneite, romantische Örtchen. Überquellende bewachte Parkplätze, überquellende Gaststätten, überquellende Werkstätten, überquellende Geschäfte, eine überquellende Dorfkirche und Straßen, auf denen sich die Menschen nur mittels Tuchfühlung fortbewegen können, sorgen für eine Atmosphäre, in der sich immer wieder viele Sachsen wohl fühlen.

Die Rennpappe

Wer bei Sachsenring an eine Rennstrecke für Automobile denkt, ist gewiß kein Sachsenkind. Jeder Sachse und natürlich noch viel mehr Menschen in der vor allem deutschsprachigen Welt wissen, daß Sachsenring in Zwickau das Werk ist, in dem der legendäre Trabant, der Volkswagen des gelernten DDR-Bürgers, gebaut wurde. Über Stock und Stein, vom Meer zum Gebirge, der liebe Trabi brachte jeden – wenn auch hin und wieder mit einigen Mucken und vor allem viel Gestank – dorthin, wohin er gelangen wollte. Tatsächlich war er ein wahrhaft treuer Freund oder vielleicht eher eine kapriziöse Freundin. Wer mit einem Trabi Umgang haben wollte, mußte sich unbedingt auf die Regeln menschlichen Miteinanders verstehen. Die Werbung um dieses Wägelchen mußte sehr wohl bedacht, gut geplant und vor allem finanziell auf sicheren Beinen stehen. Ein Trabi war gewiß nicht so schnell wie eine Frau zu haben. Welche Frau läßt schon zehn Jahre oder länger um sich werben? Wenn man sein Schätzchen aber erst einmal zwischen den Fingern hatte, konnte es sich eines zärtlichen, besorgten und gar liebevollen Besitzers sicher sein. Nach der Eheschließung, äh, Auslieferung, wurde das Autochen gestreichelt, gecremt, geschmiert, in es hineingehorcht und ihm viel freie Zeit geopfert. Gar manche fleischliche Ehefrau sah es nicht gerne, wenn der Gatte hold dem Trabi mehr Zeit und Gefühl entgegenbrachte als ihr selbst. Im Gegensatz zu einer Frau hatte der Trabi den Vorteil, daß er mit zunehmendem Alter auf dem Auto(Heirats-)markt immer wertvoller wurde. Aufgrund der langen Wartelisten waren gebrauchte, sofort lieferbare Modelle um ein Vielfaches teurer als werksfrische Fließbandabsolventen.

Dieses Blatt hat sich – sicherlich zur Zufriedenheit vieler Ehefrauen – inzwischen zum Gegenteil gewendet. Nun sind die alten Trabis nichts mehr wert. Nur noch ganz junge oder sehr alte Menschen stehen aus verständlichen Gründen noch zu ihrem treuen Freund – so lange bis der Tod sie scheidet.

Sächsische Kultur

Der Aufbruch des Augusteischen Zeitalters

Nach dem Dreißigjährigen Krieg waren die Lebensumstände in Sachsen gewiß wesentlich ungünstiger als die nach der Wende heutzutage. Die Bevölkerung, die Kriege und Seuchen überlebt hatte, war dennoch von einem ungeheuren kulturellen Interesse durchdrungen, das sowohl den Adel wie auch den Bürgerstand gleichermaßen bestimmte. Wie bei jedem bedeutenden Neubeginnen in der sächsischen Geschichte hatte Sachsen große Bevölkerungsverluste hinnehmen und erhebliche wirtschaftliche Einbußen verkraften müssen. Immerhin waren nach diesem Krieg erhebliche Lücken zu schließen. Hier konnte der Barock auf sächsische Art leicht Einzug halten. Reiche Fassadendekorationen aus Früchten, Blüten und menschlichen Figuren an Palästen und Bürgerhäusern läuteten ein sinnenfrohes Zeitalter ein, das zweifelsohne in August dem Starken den rechten Mann zur rechten Zeit als Schirmherrn gefunden hatte. Er selbst war künstlerisch begabt, erkannte Talente und konnte diese dauerhaft an Sachsen binden. Mit Ausnahme der Literatur, der er selbst nicht viel abgewinnen konnte, trat er als Förderer der Architektur, der Bildhauerei, der Malerei, des Kunsthandwerks und der Musik auf.

Sachsens Symbol dieser sich in Repräsentation entfaltenden Epoche ist zweifellos der Zwinger, die prachtvolle Schaubühne glanzvoller Hoffeste. Schon sehr früh wurde dem Volk die kurfürstliche Schatzkammer im »Grünen Gewölbe« zugänglich gemacht, wo es sowohl den über Jahrhunderte zusammengetragenen Wettiner Kunstbesitz als auch die Auftragsarbeiten an den Hofgoldschmied Johann Melchior Dinglinger, seine Brüder und Söhne, allem voran den »Hofstaat zu Delhi am Geburtstag des Großmoguls Aureng-Zeb« bewundern konnte. Die Werke dieser preziösen Pretiosenkammer werden nach wie vor Tag für Tag und völlig zu Recht mit viel »Ah!« und »Oh!« kommentiert.

Mit dem Erwerb der Sammlung des Herzogs von Modena und der »Sixtinischen Madonna« für die Gemäldegalerie wurde diese Kulturpolitik auch unter Augusts Sohn und Nachfolger August III. konsequent fortgesetzt. Kupferstichkabinett, Porzellansammlungen und eine naturwissenschaftliche Sammlung: Sachsen wurde mit allem, was gut und teuer war, geschmückt. Von dieser Art von fürstlichem Kultursponsoring zehrt – zumindest die sächsische Landeshauptstadt – bis in die Gegenwart.

Wie auch in späteren Zeiten erlebten Leipzig und die übrigen sächsischen Städte diese Prachtentfaltung des sächsischen Hofes nur in einer abgeschwächten, bürgerlicheren Form, soweit dort oder auf dem Lande nicht kurfürstliche Schlösser mit teilweise heute noch erhaltenen großartigen Parkanlagen errichtet wurden, an denen selbstverständlich das gesamte Umfeld partizipieren konnte.

Der Platz der intellektuellen Hauptstadt Sachsens wurde auch im Augusteischen Zeitalter zweifelsohne von Leipzig besetzt. Der Knotenpunkt von Handel und Wandel, die über Jahrhunderte überragende Bedeutung der Universität, das Zentrum des deutschen Druckereiwesens und Buchhandels zog immer wieder Naturwissenschaftler, Philosophen und Literaten an sich. Leibniz war aus Leipzig gebürtig, Bachs Matthäus- und Johannespassion, seine h-Moll-Messe und das Weihnachtsoratorium erklangen in der Thomaskirche zum ersten Mal, Lessing lebte lange in Leipizig und experimentierte mit der »Neuberin« am damals modernen Theater.

Der nächste Aufbruch

Wieder einmal bereitete ein Krieg – diesmal über sieben Jahre – dem kulturellen Leben in Sachsen ein Ende. Was der Dreißigjährige Krieg noch nicht ganz geschafft hatte, war nun eingetreten. Sachsen lag völlig am Boden, verwüstet und verarmt. Der Brain-drain setzte ein, Künstler verließen das Land, da ihnen jede Lebensgrundlage entzogen war.

Als Staat, der sich der Aufklärung nicht verschlossen hatte, förderte Sachsen nun vermehrt wirtschaftliche Aktivitäten des Bürgertums und setzte sich für eine verbesserte Volksbildung ein. Architektonisch trat diese Zeit im Gewande des Klassizismus auf. Dem bürgerlichen Wirklichkeits- und Vernunftsinn, der sich geistig an der Antike meinte orientieren zu können, folgte die Zeit romantischer Introspektion. Ihre literarischen Protagonisten wie E. T. A. Hoffmann, Novalis, die Gebrüder Schlegel, Ludwig Tieck und Wackenroder waren in Sachsen genauso zugegen wie der romantische deutsche Maler schlechthin: Caspar David Friedrich. Mit seinen imaginierten, im Atelier in Dresden – und keineswegs in der freien Natur – entstandenen wunderbaren Landschaftsbildern, schuf er für die Deutschen die malerischen Ikonen romantischen Naturgefühls. Stimmungsvolle und zugleich tiefempfundene Projektionen einer letztlich religiös motivierten Suche nach letztgültigen Gewißheiten angesichts einer durch die Vernunftphilosophie entgötterten Welt auf eine allumfassende Natur. Diese deutsche Innerlichkeit ist dann, vielfach trivialisiert und in die Enge führend, zu einer Grundströmung des geistigen Lebens zumal in Sachsen geworden.

Der übernächste Aufbruch

Nach den Napoleonischen Kriegen folgte in Sachsen zunächst erneut der Abbruch: Der Wiener Kongreß verkleinerte das Staatsterritorium praktisch um die Hälfte. Die dann eintretende Stagnation ließen sich die rührigen Sachsen aber nicht gefallen und erzwangen Anfang der dreißiger Jahre des 19. Jahrhunderts eine konstitutionelle Monarchie, wovon das wirtschaftliche und das kulturelle Leben profitierten. Mit der damit verbundenen Liberalität und der Lockerung der Zensur konnten die neuen Ideen in der Literatur und auf der Bühne proklamiert werden. Mit den Bauten Gottfried Sempers gelang Sachsen erneut der Anschluß an die internationale Architekturszene. Musikalisch wurden die Sachsen in Leipzig von Felix Mendelssohn Bartholdy und in Dresden von Richard Wagner und Robert Schumann wachgefiedelt. Da die inzwischen errungene Freiheit den aufgeweckten Sachsen nicht ausreichte und sie sich nicht in dem Kleide zeigte, im dem man sie gerne gesehen hätte, tobte abermals das Volk. Intellektuelle Bürgerrechtler wie Nietzsche, Semper und Wagner betätigten sich politisch und mußten nach dem Scheitern ihrer politischen Karriere fluchtartig das Land verlassen. Was den Sachsen blieb, war der Rückzug in eine Welt wie man sie in dem Werk des Dresdner Malers und Zeichners Ludwig Richter zu erkennen glaubt.

In der reichen preußischen Provinz konzentrierten sich die Aktivitäten auf Gewerbe, Handel und Industrie. Mit dem hierdurch verdienten Geld wurden den sächsischen Städten durch repräsentative mehrgeschossige Wohnhäuser und auffällige Einzelgebäude, wie dem monumentalen Reichsgericht, Kaufhäusern und Messepalästen noch einmal ein Gepräge gegeben, dessen Hinterlassenschaft heute zur Pflege ansteht.

Der Aufbruch ins 20. Jahrhundert

Zu Beginn dieses Jahrhunderts schwelgten alle bildenden Künste üppigst im Jugendstil, nicht zuletzt in den Handelshöfen in Leipzig.

Ernst Ludwig Kirchner gründete zusammen mit Erich

Heckel und Karl Schmidt-Rottluff in Dresden die Künstlervereinigung »Die Brücke«, der sich später Emil Nolde, Max Pechstein und Otto Mueller anschlossen. Da in die Kunst auch in stärkerem Maße als bisher soziale Aspekte Eingang fanden, reizte Richard Riemerschmid der Bau einer modernen Wohnanlage im englischen Stil. Die Idee zur Gartenstadt Hellerau als erstem sozialen Wohnungsbau in Sachsen war geboren. Mit der Hilfe der Architekten Richard Muthesius und Heinrich Tessenow wurde eine aus Kleinwohnungen bestehende autarke Wohnanlage mit allem, was menschlichen Bedürfnissen damals zugetraut wurde – einschließlich einem Festspielhaus und einer Tanzschule – in überragender Qualität errichtet.

Die Dresdner Akademie stand in den zwanziger Jahren des 20. Jahrhunderts im Zeichen des nachexpressionistischen Expressionismus, als dessen würdigster Vertreter Otto Dix gilt.

In dieser Zeit erlebten besonders Dresdens Bühnen eine lange nicht gekannte Blüte. Nach den Vorstellungen im Schauspielhaus und in der Oper vergnügte man sich im »Italienischen Dörfchen« schräg gegenüber der Semperoper. Dresden mit seinem Altmarkt und der hocheleganten Prager Straße war in der Zwischenkriegszeit ein Inbegriff des guten Geschmacks und verfeinerter Lebenskultur.

Der vorletzte Aufbruch

Trotz der unfaßbaren Schändung Dresdens durch das Inferno vom 13./14. Februar 1945 und des Verschwindens Sachens von der politischen Landkarte dank der Weisheit der sozialistischen Staatslenker erhob sich die sächsische Kultur auch danach wieder aus Ruinen.

Zwar gehört nicht jeder Plattenbau zu den Höhepunkten der Nachkriegsarchitektur und nicht jede Vorzeigeveranstaltung der sächsischen Knabenchöre leitete eine epochale Neuentwicklung in der Musik ein.

Aber in Leipzig und Dresden verfaßten Schriftsteller Werke, die vornehmlich »im Westen« publiziert wurden und Anerkennung fanden. Die Maler Bernhard Heisig, Werner Tübke und Wolfgang Mattheuer bildeten die »Leipziger Schule«, Rainer Kunad und Udo Zimmermann repräsentierten das Dresdner Musikleben und Peter Schreiers Gesangskunst entfaltete sich ebenfalls von dort aus.

Der vorerst letzte Aufbruch

Ab August 1989 wurden in Leipzig nach den montäglichen Friedensgottesdiensten die regelmäßigen Montagsdemonstrationen mit einer ständig wachsenden Teilnehmerzahl abgehalten. Die DDR-Behörden versuchten, diesen Versammlungen aus unzufriedenen Sachsen den Stempel der Ungesetzlichkeit aufzudrücken. Anfang Oktober waren Demonstrationen in anderen Städten brutal zerschlagen worden. Als am 9.10.1989 die nächste Demonstration in Leipzig bevorstand, hielten sich die gesamten Kriegsspielzeuge der Nationalen Volksarmee einsatzbereit in und um Leipzig verteilt, um entsprechend der Weisung Honeckers mit der gebotenen Härte gegen die Demonstranten vorzugehen. Ob es nun an einer Eigenmächtigkeit des ZK-Sekretärs Egon Krenz oder dem Leiter des Leipziger Gewandhausorchesters, Kurt Masur, zu verdanken ist, daß auch dieser Aufmarsch friedlich und mit einer Bereitschaft der Partei zur Aufnahme eines Dialogs durchgeführt werden konnte, ist bis heute noch nicht klar.

Es hat in Sachsen wohl lange Zeit keine so enge Verquickung von Kultur und Politik gegeben wie in diesem Moment. – Sofern man die Begriffe nicht eng faßt und Kultur nicht nur als künstlerisches Geschehen, sondern als Lebensäußerungen (eines Individuums, einer Gruppe oder) eines Volkes auffaßt und Politik nicht nur als die Maßnahmen einer politischen Klasse, sondern als eine Gesamtheit von Umständen, wo auch schon einmal der »Mantel der Geschichte« weht. Bleibt zu hoffen, daß man sich in Zukunft sowohl in diesem als auch in jenem Sinne an sächsische Kultur erinnert.

Andere Länder – andere Sitten

Kaum etwas verbindet die Menschen mehr als die Bestätigung insgeheim gepflegter Vorurteile.

Hier finden Sie alles, was Sie schon immer über die Deutschen (Österreicher, Amerikaner etc.) gedacht haben, aber nie auszusprechen wagten.

Zugespitzt auf knackige Pointen, belebt von hellwacher Beobachtungsgabe, halten die durchweg recht jungen Autoren den Völkern den Spiegel vor: Welches sind ›typische Nationaleigenschaften‹? Über welche bizarren Gewohnheiten schüttelt der Fremde unwillkürlich den Kopf? Liebesleben, Eßgewohnheiten, Schlangestehen, Umgang innerhalb der Familie, mit Nachbarn und Kollegen – all dies ist den Autoren einen Seitenhieb wert.

Stephanie Faul
Die Amerikaner pauschal
Bd. 13391

Ken Hunt
Die Australier pauschal
Bd. 13491

Stefan Zeidenitz/ Ben Barkow
Die Deutschen pauschal
Bd. 13394

Antony Miall
Die Engländer pauschal
Bd. 13493

Nick Yapp/ Michel Syrett
Die Franzosen pauschal
Bd. 13393

Alexandra Fiada
Die Griechen pauschal
Bd. 13764

Rodney Bolt
Die Holländer pauschal
Bd. 13494

Martin Solly
Die Italiener pauschal
Bd. 13395

Sahoko Kaji
Die Japaner pauschal
Bd. 13871

Louis James
Die Österreicher pauschal
Bd. 13392

Paul Bilton
Die Schweizer pauschal
Bd. 13492

Drew Launy
Die Spanier pauschal
Bd. 13396